カルチュラル・インテリジェンスのすすめ

職場に外国人がやってきたら読む本

臨床心理士・社会保険労務士　涌井美和子 著

近代セールス社

はじめに

　筆者は2000年代初頭に、社会保険労務士と臨床心理士の両方の視点からアプローチするメンタルヘルス対策の本を出版させていただき、様々な企業や組織に対して社員研修やカウンセリング、人事コンサルティング、緊急トラウマ対応等のサービスを提供してきました。

　また、ハラスメントが横行する職場の勤務経験やＤＶカウンセリングなどの経験を活かして、ハラスメント対策の領域でも大手企業から中小零細企業まで、または全国各地の行政機関などに対して様々なサービスを提供してまいりました。

　そして、2007年ハラスメント対策に関する本を執筆させていただいたことをきっかけに、2008年から「職場いじめ＆ハラスメント国際学会」の活動にも積極的に参加するようになり、2013年にはカウンセリング業界で初めてシンガポールに拠点を設け、活動の幅を広げていきました。

　ささやかではありますが、筆者のこだわりの１つに、「クライエント※の苦労や気持ちを少しでも理解するためには、自分も同じように汗をかく経験が必要」というものがあります。20歳代の頃、一生の仕事として産業カウンセラーの道を選んだとき、最初に取り組んだことはまず自分が企業に就職し一般社員として働くことでしたが、シンガポールに会社を設立したときもやはり、最初にしたことは自らパンフレットを持参して現地の企業を訪ね歩いたことでした。

　諸手続きのために現地の銀行や行政機関を回り、営業活動のため現地企業を訪問し、連携先確保のため現地の医療機関を訪ね歩く――。実際に自分の足で歩き、新しい世界に跳び込み、観光ではなく仕事を通して経験をすると、見えてくるものがたくさんあります。日本の長所や短所はもちろん、今まで当たり前だと思っていたことが当たり前ではなかったことも１つや２つではありませんでした。

　何より、それまで実践を通して学んできたカウンセリングやコミュニ

ケーションの知識や経験を根本から振り返り考え直すきっかけになったことは、筆者にとって大きな経験となりました。

例えば、カウンセリングにおいて基本中の基本とされる「受容・共感・自己一致」は、同じ文化圏に住み同じコンテクスト（コンテクストとは、コミュニケーションを成立させる文脈や背景あるいは共有情報のことを指します）を共有する人間どうしであるからこそ、訓練や経験次第で何とか実践できることであって、まったく文化や文脈が異なる相手であれば共感ひとつとっても非常に難しく、訓練次第でどうにかなるものでもありません。たとえ英語が理解できたとしても、その文化特有の意味や文脈が理解できなければ、カウンセリングどころかスムーズなコミュニケーションすら困難になるに違いありません。

海外に出たことをきっかけに、それまで学んできたカウンセリング技術について根本から見直す必要に迫られ、壁にぶつかった筆者にとって大きなヒントになったのがCQという考え方でした。

詳細は第1章以降で述べますが、CQとはカルチュラル・インテリジェンス（Cultural Intelligence Quotient）の略で、ロンドンビジネススクールのクリス・アーレイ教授が発表した概念と言われています。CQは、「国や民族、あるいは組織の文化を越えて効果的に機能する能力」と定義されています。簡単にまとめるなら、「自分の文化の特徴を理解するとともに相手の文化の特徴を理解し、相手とのスムーズなコミュニケーションや相互理解を促し、問題を解決したり目標を達成する能力」と言えると思います。

この考え方に出会ったとき、筆者は「これは筆者の本業であるカウンセリングのみならず外国人をマネジメントする人達や外国人と協働する人達にとっても、外国人顧客対応に従事する人達にとっても、大変役に立つ概念ではないか。いや、そればかりか、世代や文化が異なる日本人どうしのコミュニケーションにおいても応用できるのではないか」と確

信したのです。

　以来、筆者は従来の仕事を続けながらCQに関する英語の文献を読み漁り、勉強を続けてきました。

　2019年の春には入管法も改正されました。今後ますます日本で働く外国人は増えていくでしょう。グローバル化が加速する時代に、文化の違いを理解し、問題を解決するCQの能力は必要不可欠となっていくはずです。

　外国人労働者が増えることで、様々な軋轢やトラブルが起こり得ます。「日本流に合わせろ」というだけでは収まりは付かないでしょう。また世界に対する競争力という面で見ても、かつて「JAPAN AS NO.1」と言われ世界を席巻していた日本ではなくなっており、多くの日本人が考える以上に日本の競争力は落ちているのです。だからこそ「日本のやり方が一番」という考え方から脱却する必要があると思っています。

　本書では、来日してくる外国人に対して「日本側にすべて合わせてもらうのではなく、状況に応じて相手側に合わせるなど柔軟な態度が大切である」という考え方を基本にしています。彼らの個性を抑圧することなく、個性や強みを活かしてもらうことは、業務パフォーマンスの向上にもつながるからです。

　何より、日本の強みや弱みについてより深く、より広い視点から理解していれば、たいていの事柄については「表層の部分を合わせるだけ」と思えてくることでしょう。より広い視点から日本を理解すればするほど、日本の素晴らしさに気付き、日本の歴史や文化に対する「ぶれない自信」につながると思います。ぶれない強い自信があるからこそ、ガマンすることなく柔軟に相手に合わせることができるのではないでしょうか。「相手に合わせること＝自分を曲げること（ガマンすること）」ではないのです。

　外国の人々と協働することを通して様々な国や文化の良さを吸収し、より深い意味で日本の良さに気付き、将来の発展につなげるためにも、

はじめに

ＣＱを学ぶことは有益であると考えています。

　本書では筆者の専門であるカウンセリングの視点から、異文化摩擦を最小にすることを目的とした、コンサルテーション方法やコミュニケーション方法について考えてみました。具体的には、国籍や民族、人種、あるいは同じ国民でも異なる文化や常識を持つ人々との摩擦を減らすための、考え方や具体策などです。

　名付けて"CQ コンサルティング®"。外国人との協働や外国人顧客対応業務に就く日本人はもとより、世代間のコミュニケーションで悩む日本の方々にもお役に立つことを願いつつ、筆を進めていきたいと思います。

2019 年 11 月
合同会社　オフィスプリズム
涌井美和子

本書では一般的な顧客を意味する場合はクライアント、カウンセリングにおける相談者を意味する場合はクライエントと表記しています。
「CQ コンサルタント®」「CQ コンサルティング®」「CULTURAL INTELLIGENCE®（カルチュラル・インテリジェンス）」については商標登録していることから、®表示しています。

目次

はじめに ……………………………………………………………… 1

第1章　なぜカルチュラル・インテリジェンスが必要なのか

1．カルチュラル・インテリジェンス（CQ）とは何か …………… 10
　(1) 文化に合わせ適切な行動をとる能力 ………………………… 10
　(2) 文化特有の"コード"を理解する能力 ……………………… 11
　(3) EQとCQの違い ……………………………………………… 13
　(4) なぜいまCQが必要とされるのか …………………………… 15
　(5) CQコンサルティング®とは何か …………………………… 16

2．CQの基礎理解 …………………………………………………… 18
　(1) CQに対する関心が薄い日本 ………………………………… 18
　(2) エリン・メイヤー氏の「The Culture Map」 ……………… 18
　(3) ディビッド・リバモア氏の「Leading with Cultural Intelligence」……… 19
　(4) ブルックス・ピーターソン氏の「Cultural Intelligence
　　　─A Guide to Working with people from other culture」……… 23
　(5) ディビッド・トーマス氏他の「Cultural Intelligence」 …… 26
　(6) テリー・モリソン氏他の「Kiss, Bow, or Shake Hands」 … 27
　(7) 宮森千嘉子・宮林隆吉両氏の「経営戦略としての異文化適応力」…… 27

第2章　カルチュラル・インテリジェンスの実際

1．CQコンサルティング®の概要 ………………………………… 32
　(1) CQコンサルティング®がなぜ必要か ……………………… 32
　(2) インド人とのカウンセリング ………………………………… 32
　(3) CQコンサルティング®における基本的なスキル ………… 36
　(4) CQコンサルティング®の基本的な枠組み ………………… 39

2. ケース別 CQ コンサルティング®のポイント ……… 41
- (1) 平等文化 ⟷ 階層文化 …………………………… 41
- (2) 個人主義 ⟷ 集団主義 …………………………… 44
- (3) Being ⟷ Doing（生き方を優先 ⟷ 何を成すかを優先）…… 46
- (4) 不確実性に対して許容性が高い ⟷ 不確実性に対して許容性が低い ……………………………………………… 48
- (5) 短いスパンで考える ⟷ 長いスパンで考える ……… 50
- (6) ロー・コンテクスト ⟷ ハイ・コンテクスト ……… 52
- (7) 身体的空間が近い ⟷ 身体的空間が遠い …………… 55
- (8) 沈黙に対する受け止め方（沈黙を受け入れる ⟷ 沈黙を避ける）… 58
- (9) 会話の流れ 割り込む（早い）⟷ 順に行う（中程度）⟷ 止める（ゆっくり）……………………………… 60
- (10) 対立スタイル（直接的 ⟷ 間接的）………………… 62
- (11) 計画スタイル（動く前に検討する ⟷ 検討する前に動く）…… 64
- (12) 礼儀・儀礼・形式（略式 ⟷ 儀礼的）……………… 66

3. CQ の可能性 ……………………………………………… 68
- (1) CQ は今後ますます必要とされる …………………… 68
- (2) CQ コンサルティング®の考え方 ……………………… 69
  - ①「できない」と言うか「検討する」と言うか ……… 69
  - ② CQ は適応力を向上させる ………………………… 70
  - ③ 今後求められるキャリア分野の CQ コンサルティング® … 71
  - ④ カテゴライズの危険性 ……………………………… 72
  - ⑤ すぐに本題に入る西洋人と関係づくりに勤しむ日本人 … 73
  - ⑥ カウンセリングの場でこそ活きる CQ ……………… 75
  - ⑦ 創造性と CQ ………………………………………… 76

第3章　カルチュラル・インテリジェンスの向上策

1. 外国人とうまく付き合うコツ……80
- （1）初対面の人への対応……80
- （2）日常会話のバリエーションを増やす……81
- （3）関係づくり……81
- （4）外国人部下へのマネジメント……84
- （5）「他人どうし、分かり合えなくて当たり前」という考え方……86

2. 外国人とコミュニケーションを取るコツ……90
- （1）コミュニケーションにおける文化的特徴……90
- （2）メール文化の違い……92
- （3）アサーティブなコミュニケーション……94
- （4）伝える熱意の重要性……95
- （5）非言語的コミュニケーション……97
- （6）分かりやすく伝えることの大切さ……98

3. 誰にでもできるCQ向上策……100
- （1）CQ Drive（内発的な動機、外因的な動機、自己効力感など）……100
- （2）CQ Knowledge（文化的システム、文化的規範、文化的価値などに関する知識）……103
- （3）CQ Strategy（気付き、計画力、チェック能力などの戦略）……106
- （4）CQ Action（非言語的な行動力や言語などによる適応行動）……107

第4章　カルチュラル・インテリジェンスを現場で活かす

1. CQの視点から考える接客上の留意点……110
- （1）前提条件を知る……110
- （2）タブーを知る……112

（3）ニーズに気付く ……………………………………………… 114
　　（4）認知のクセに気付く ………………………………………… 115

2．外国人労働者の育成・研修体制を整備する …………………… 117
　　（1）法定研修 ……………………………………………………… 117
　　（2）語学研修 ……………………………………………………… 118
　　（3）生活支援 ……………………………………………………… 119
　　（4）入社時研修 …………………………………………………… 120
　　（5）キャリア研修 ………………………………………………… 120
　　（6）メンタルヘルス研修 ………………………………………… 121

3．外国人の口座開設時の留意点 …………………………………… 123
　　留意点1 …………………………………………………………… 123
　　留意点2 …………………………………………………………… 124

4．CQの将来性 ………………………………………………………… 126
　　（1）CQコンサルティング®の将来性 …………………………… 126
　　（2）カルチュラル・インテリジェンスの将来性 ……………… 127

CQチェックツール …………………………………………………… 130

参考　外国人雇用時の留意点

外国人を雇用する場合の留意点 ……………………………………… 134

新在留資格の創設について …………………………………………… 140

「「外国人雇用状況」の届出状況まとめ」から見る
外国人労働者の増加状況 ……………………………………………… 143

参考文献 ………………………………………………………………… 148

おわりに ………………………………………………………………… 150

第1章

なぜカルチュラル・インテリジェンスが必要なのか

1 カルチュラル・インテリジェンス（CQ）とは何か

（1）文化に合わせ適切な行動をとる能力

　カルチュラル・インテリジェンス（Cultural Intelligence Quotient・略してCQ）とは、ロンドンビジネススクールのクリス・アーレイ教授が発表した概念と言われており、「国や民族あるいは組織の文化を越えて効果的に機能する能力」と定義されています。主にリーダーシップやマネジメントの分野から研究が進んだ領域の1つとされていますが、最近では広く人材育成にまで研究領域が広がってきています。

　例えば、ドイツに何年にもわたって赴任し、現地でドイツ人の部下を持ちマネージャー職を務めていた人が、次にインドネシアに赴任した場合を考えてみましょう。有能で経験豊富な管理職であっても、最初からインドネシア人の部下をうまくマネジメントできるとは限りません。まずその国の文化や習慣などを理解する必要があり、習得時間にも個人差があります。たとえインドネシア語を早く習得できたとしても、文脈やタブーが理解できないばかりに部下の信頼を失ってしまう場合もあるでしょう。

　他国の文化や習慣、文脈やタブーを早く理解し、状況や相手に合わせ適切な行動をとる能力――これがカルチュラル・インテリジェンスです。

　経済活動がグローバル化する現在、世界中を飛び回るビジネスマンも珍しくなくなりました。しかし、一日24時間という限られた時間の中で、身に付けられる語学力や経験値には限界があります。その言葉や文化すら、世代によってどんどん変化していきます。

　そこで活きてくるのが、「国や民族、あるいは組織の文化を越えて効果的に機能する能力」いわゆるカルチュラル・インテリジェンスなので

す。

　もちろん、海外に出る業務に就かないビジネスマンであっても、決して他人事ではありません。最近は日本でも、コンビニエンスストアや飲食店、ホテルなど様々な場所で多くの外国人が働くようになりました。「出入国管理及び難民認定法（入管法）」（2019年4月）の改正で今後もますます外国人が増えていくことが予想されています。金融機関や行政機関を利用する外国人も増え、文化や習慣の異なる人々と接する機会は、今後ますます増えていくでしょう。

　外国人の部下を持つマネージャーとして、あるいは顧客サービスを提供するスタッフとして、相手の国の文化や習慣を素早く理解し、その人に合わせて言動を調整する能力は、いまや必要不可欠となっています。

(2) 文化特有の"コード"を理解する能力

　ここで筆者の経験談を一つご紹介したいと思います。

　以前、ある西洋の国の方と協働プロジェクトをする機会がありました。筆者にとっても非常に有意義かつ魅力的なプロジェクトであったため、「ぜひ参加したい」という意向は先方に何回か伝えていました。

　具体的な進め方についてメールでやり取りをしていたときのことです。実際に参加するにあたっていくつか課題があったので、筆者の率直な意見として「ぜひ協働したいが、〇〇の課題がクリアしないと難しい」と伝えました。

　筆者としては、一緒にプロジェクトを進めることについて既に十分合意ができていたので、「〇〇の課題をクリアする方法」を一緒に検討するために、このような意向を伝えたつもりでした。

　ところが、彼から来た返信メールの内容は次のようなものでした。「なぜプロジェクトを辞めるのでしょうか。ぜひ参加してほしいのだが、（筆者にとって）参加ができない事情でもあるのでしょうか」。

　驚いた筆者はすぐに返信を書き、「もちろん参加する予定であること」

「ぜひ参加したいと考えていること」を伝えました。

　なぜこのような誤解が生じたのか、後になって落ち着いて考えてみると、あることに気が付きました。彼は、しばらく日本に滞在したことがあり、日本の文化について知識と経験がある人でした。そのため、筆者の「〇〇の課題がクリアしないと難しい」という文面を文字どおり受け取らず、日本特有のコード[※2]で解釈してしまったのです。つまり、**断る場合でも相手の気持ちに配慮してはっきり「Ｎｏ」と言わない日本の文化**を理解していたが故に、「（筆者は）プロジェクトに参加したくない」という意味で受け取ってしまったのでした。

　一方、筆者のほうにも反省すべき点がありました。西洋のコミュニケーション文化に合わせて意向をそのまま伝えたつもりでしたが、課題となっている事項について、もっと具体的に伝えるべきだったのです。

　そこで、改めて「プロジェクトを進めるにあたり、私は〇〇の課題を懸念しています。この課題をクリアする方策が必要ですが、自分は〇〇がその解決策の１つであると考えています」という内容のメールを彼に送ったところ、すぐに誤解が解けたのでした。

　異文化の人とのコミュニケーションがスムーズにいかない原因は様々です。相手の文化特有の"コード"を理解できないことが原因の場合もあるでしょうし、筆者の例のようにお互いに相手のコードに合わせようとしたものの、不十分であったためにうまくいかなかった場合もあるでしょう。

　しかし、いろいろな国の人との協働が求められる現代社会では、できる限り誤解の少ないコミュニケーションが必要不可欠です。そこで必要とされるのは、自分の国の文化やコミュニケーションの特徴を客観的に理解する能力と、相手の文化やコミュニケーションの特徴をできる限り早く正確に理解し、状況や相手に合わせてコミュニケーションの形や言動を調整する能力と言えるでしょう。

この能力こそ、CQ ──カルチャー・インテリジェンスと呼ばれるものなのです。

(3) EQとCQの違い

人間の能力を測る指標には様々なものがありますが、CQに似たものの一つにEQが挙げられます。EQ（Emotional Intelligence Quotient・略してEQと呼ばれています）とは、別名「こころの知能指数」と呼ばれている能力で、相手の感情を理解しつつ、自分の感情を理解・コントロールし、状況や相手に合わせて適切なコミュニケーションを取るために必要とされる、いわゆる対人関係能力の1つとされています。

昔からよく知られた能力の指標として、IQ（Intelligence Quotient・略してIQと呼ばれています）もありますが、高い学歴を身に付ける際に有利な能力と言われるIQに対し、EQは対人関係に関わる能力であり、仕事の成功や幸せな人生を歩む際に有利な能力である、と言われています。

しかし、EQは同じ文化圏どうしの人間関係ではよく機能しますが、異なる文化的背景を持つ相手との関係ではうまく機能しない場合も少なくないと言われています。

たとえこころの知能指数であるEQが高く温和な性格で、相手の気持ちをよく理解しコミュニケーション能力に長けた人であっても、異なる文化の相手とのコミュニケーションにおいてはズレが生じるため、円滑にいかなくなる可能性があるのです。しかも、長年身に付いたコミュニケーション・スタイルを変えるのは簡単なことではありません。それが、その社会でうまく機能していたのであれば、なおさらでしょう。

例えば、ロー・コンテクストの国の人[※3]と、ハイ・コンテクストの国の人[※4]との関係を見てみましょう。

ロー・コンテクストの文化圏の人は、その環境で円滑な人間関係を築

けるような、明確なコミュニケーション・スキルを身に付けています。ハイ・コンテクストの文化圏の人は、文脈に配慮した不明確なコミュニケーション・スキルを身に付けています。実際に、それぞれの文化圏で円滑な人間関係を築き、その人が属する社会で成功している人ほど、その文化圏特有のコミュニケーション能力を身に付けていたという研究もあります。

例えば、相手の過ちや自分の不満をはっきり言葉にしなかったために信頼関係を損ない相手を傷つける可能性が高い文化と、言葉少なく遠まわしに伝えるほうが相手を傷つけない文化では、"相手の気持ち"を理解するためのベースとなる視点や常識感覚、コミュニケーション・スタイルがずれてしまっています。

ロー・コンテクストの人とハイ・コンテクストの人とが、円滑な関係を築くために、お互いのコミュニケーション・スタイルを相手の文化に合わせることが必要となりますが、その際にはズレを生じさせてしまうEQだけでは足りず、別の能力や柔軟性が必要となります。それがカルチュラル・インテリジェンス——CQなのです。

パソコンにたとえるなら、CQが文化の違いを超えより広く柔軟な対応を可能にする高性能なプロセッサー、EQがそれぞれの文化で安定した精神状態で適切に行動するためのオペレーションシステム、IQが知識や情報を司るアプリケーションソフトといったところでしょうか。

なお、CQが求められる場面は何も異文化コミュニケーションが必要な場面ばかりではありません。電話と言えばダイヤル式の電話のことを指し、家族と一台の電話を共有していた世代と中高生の頃からスマートフォンを持つことが当たり前の世代が、いまや同じ職場で一緒に働いているのです。同じ国の人間どうしでも、文化やコミュニケーションの形が大きく異なる時代なのです。

CQは、変化が激しくグローバルな時代に適応するための、必要不可欠な能力と言えます。

（4）なぜいま CQ が必要とされるのか

　もともと、異文化適応力に優れ、グローバル時代に活躍できる人材を育てるために研究が進んだとされるカルチュラル・インテリジェンスの概念は、グローバルな活動が盛んな西欧を中心に研究が進んでいますが、入管法が改正された日本においてももはや他人事ではなく、外国人労働者のマネジメント分野にも積極的に活かすことが必要になります。

　もちろん、「郷に入れば郷に従え」の言葉のとおり、基本的には外国人労働者のほうが日本の労働習慣に従うことが多くなると思いますので、日本人が外国人労働者の習慣に合わせるケースは少ないかもしれません。しかし、特に小売業やサービス業など業務パフォーマンスが売上に直結するような業種の場合はそうとばかりも言っておられず、日本人のほうが彼らを理解し歩み寄る必要も出てくるでしょう。

　最近はインドネシア人などイスラム教を信仰する国の人々も多数、日本で働くようになりましたが、勤務時間内であっても礼拝をする一定の時間と場所を確保すること※5に対して理解が不十分な管理監督者は彼らの信頼を失いかねず、優秀な労働者を確保できなくなる可能性も出てくるかもしれません。

　さらに今後は様々な国籍のスタッフが協働する職場も増えてくることが予想されます。その国の人にとってはごく当たり前の何気ない言動が、他の国の人にとっては失礼に当たる場合もあるでしょう。逆に「外国人だから仕方ない」と流せるような小さなことでも日々重なると大きなストレスになり得ます。積もり積もればハラスメント問題やイジメ問題に発展するかもしれません。従業員どうしのトラブル防止の点からも、カルチュラル・インテリジェンスの概念は非常に有益であると考えています。

　なお、最近の海外研究により CQ は、異文化適応力はもちろん、営業スキル向上やストレス耐性の向上、業務パフォーマンス向上、創造力の向上など様々なスキルに役立つことが示唆されています。

(5) CQ コンサルティング®とは何か

　上述のとおり、筆者は今後ますます必須とされるＣＱの概念を広め実践し現場に生かしていく必要性を感じています。そこで「はじめに」でも述べたとおり、ＣＱの概念を応用した新しいコンサルティング分野として「ＣＱコンサルティング®」を提案したいと思います。

　CQ コンサルティング®（カルチュラル・インテリジェンス・コンサルティング）とは筆者が提案した造語で、CQ の知見をカウンセリングやコンサルテーションなどの対人コミュニケーション業務に活かしたり、組織改善のために応用する技術や手法のことを言います。

　似たような意味の言葉に、異文化カウンセリングや異文化コンサルティングというものがありますが、これらは主に異文化圏に住んでいる人や異文化と接触する機会がある人を対象としたカウンセリングやコンサルテーションのことを言います。

　一方、CQ コンサルティング®は、特定の文化圏に限定せず様々な文化圏に応用できる技術や手法を想定しています。文字どおり、「国や民族、あるいは組織の文化を越えて効果的に機能する能力」である、カルチュラル・インテリジェンスの概念をベースとしたカウンセリング、またはコンサルテーションなどの対人コミュニケーション技法を指しているのです。

　具体的には下記のような基本スキルをベースとしたカウンセリングやコンサルテーションを、「CQ コンサルティング®」と呼びたいと思います。

＜CQ コンサルティング®の基本スキル＞

・相手の文化の特徴や文脈を素早く理解し、受容する能力
・相手が置かれた社会的状況や心理状態を理解し、共感する能力
・自分の属する文化の特徴を理解し、相手の文化に合わせて自分の言動を自然な形で調整する能力

CQの能力向上においては、他言語を話せることが重要なカギになりますが、CQコンサルティング®の考え方や手法は、日本国内で外国人と接する多くの日本人であっても活かすことができると考えています。

　例えば、次のようなケースです。

＜CQコンサルティング®の考え方や手法が活きる例＞

- 外国人の顧客や上司／同僚／部下と信頼関係を築く
- 外国人の顧客や上司／同僚／部下のニーズや感情を理解する
- 外国人の顧客や上司／同僚／部下と良好な関係を築く
- 世代や文化的背景の異なる日本人の上司／同僚／部下と信頼関係を築く
- 世代や文化的背景の異なる日本人の上司／同僚／部下のニーズや感情を理解する
- 世代や文化的背景の異なる日本人の上司／同僚／部下と良好な関係を築く

　具体的な解説については後ほど述べたいと思いますが、CQの基本的な考え方を押さえるために、まずは専門家達の研究概要をレビューするところから始めていきたいと思います。

※1　「Handbook of Cultural Intelligence」Soon Ang and Linn Van Dyne.
※2　法律等の明確なルールとは別に存在する、目に見えにくいその国や文化に特有の、暗黙ルールのこと。
※3　分かりやすく明確な言葉によるコミュニケーションを好む文化。受け取る側も言葉どおりの意味で理解する傾向が強い。オランダや北米、カナダなど。
※4　文脈が重視され、明確なコミュニケーションを避ける傾向がある文化。受け取る側も言葉どおりではなく裏の意味を読み取る傾向が強い。いわゆる"空気を読む"ことがよしとされる文化。中国や韓国、日本など。
※5　ムスリム（イスラム教徒）は礼拝の前に、顔から足まで清めるために洗い、礼拝も清潔な場所で行う。

2 CQ の基礎理解

(1) CQ に対する関心が薄い日本

　カルチュラル・インテリジェンスの分野は、主にアメリカ合衆国や西ヨーロッパ、シンガポールなどグローバル活動が盛んな国々を中心に研究や実践が進んでいます。専門家による実践的な文献については 2000 年代初頭頃から徐々に出版数が増え始め、特に 2010 年を過ぎた頃から、改訂版の出版も含めて相次ぐようになってきた印象を受けています。

　しかし、残念ながら日本ではまだまだ一部の実践家による限られた文献しか見当たらないような状況です（2019 年夏現在）。ここ数十年の間に、海外で働く日本人は一握りのエリート層から海外留学経験者まで幅が広がってきましたが、もともと他民族と交わる経験が限られてきた歴史を持つ日本人は、この分野に関心を持つ人もまだそれほど多くないのかもしれません。

　今後、日本人による研究の発展を期待したいと思いますが、ここでは海外の文献を中心に、特にビジネスの分野において有益で、日本でも手に入りやすい本をいくつかご紹介したいと思います。

(2) エリン・メイヤー氏の「*The Culture Map*」

　ビジネス分野における異文化理解の観点から、分かりやすく解説した本です。数千人の経営幹部を対象としたインタビューや研究をもとに、長い年月をかけて開発したとされるカルチャーマップについて解説しています。

　エリン・メイヤー氏が提唱したカルチャーマップとは、次の 8 つのマネジメント領域について、様々な国がそれぞれどの位置にくるか、分か

りやすく表した図のことで、文化の違いを理解するためにそれぞれの文化を8つに分けた判断基準によって評価するというものです。まさにカルチャーマップの言葉どおり、それぞれの国の文化の特徴と相対的な位置が一目で分かるようになっています。

＜カルチャーマップ＞

①コミュニケーション	ロー・コンテクストＶＳハイ・コンテクスト
②評価	直接的なネガティブ・フィードバック ＶＳ間接的なネガティブ・フィードバック
③説得	原理優先ＶＳ応用優先
④リード	平等主義ＶＳ階層主義
⑤決断	合意志向ＶＳトップダウン式
⑥信頼	タスクベースＶＳ関係ベース
⑦見解の相違	対立型ＶＳ対立回避型
⑧スケジューリング	直接的な時間ＶＳ柔軟な時間

　このアイディアが特に優れている点は、ビジネスの領域ですぐに応用できること、自分の文化と相手の文化の相対的な位置が明確であること、などでしょう。

　日本においてはまだ新しい分野の1つである、カルチュラル・インテリジェンスの文献の中では、日本語に翻訳されている数少ない本の1つですので、興味のある方はぜひ一度通読をお勧めいたします。

(3) ディビッド・リバモア氏の『Leading with Cultural Intelligence』

　この分野の著名な専門家の一人であるディビッド・リバモア氏は、素晴らしい著書を数多く執筆していますが、中でも代表的な著書の1つである本著において、4次元モデルという概念を紹介し、分かりやすく解説しています。[※1]

具体的には、「カルチュラル・インテリジェンスはCQ Drive（動機）・CQ Knowledge（知識）・CQ Strategy（戦略）・CQ Action（行動）の4つの要素から構成されている」としたうえで、下記のような解説を加えています。

① CQ Drive （動機）	② CQ Knowledge （知識）
③ CQ Strategy （戦略）	④ CQ Action （行動）

① CQ Drive（内発的な動機、外因的な動機、自己効力感など）

　CQ Driveとは、「異文化の仕事に伴う対立や課題を解決するための自信や、意欲があるかどうかに関する能力」で、その能力の中には「本質的な動機・外因的な動機・自己効力感など」が含まれると述べています。もう少し簡単に言うなら「異文化に取りくむためのモチベーションや自信」という感じでしょうか。

　彼はまた、異文化トレーニングのアプローチの多くは、このCQ Driveの有無を前提としている、と述べています。

② CQ Knowledge（文化的システム、文化的規範、文化的価値などに関する知識）

　CQ Knowledgeとは、カルチュラル・インテリジェンスの認知的な側面のことで、「異なる文化に巻き込まれたとき交流する方法を形作る、文化や文化的役割に関する理解の程度のことである」と述べています。平たく言うなら異文化に対する知識や情報といったところです。

　リバモア氏は、CQ Knowledgeの最も重要な部分の1つとして「それぞれの異なる文化に関する文化的システムや文化規範、価値観等（コミュニケーション・スタイルや信仰、男女の役割、ビジネス慣習や法律、政治に関する知識など）のマクロ的な理解」を挙げており、著書の中で「これらの知識が豊かであればあるほど自信につながる」と述べていま

す。
③ CQ Strategy（気付き、計画力、チェック能力などの戦略）

　CQ Strategy とは、「文化間を横断する際にあたって必要な戦略を立てる能力や、戦略に対する気付きの程度のことである」とされています。

　簡単に言うなら自分を振り返り、より適切な行動につなげるための能力といったところだと思います。

　リバモア氏によりますと、CQ Strategy の中には、プランニング、気付き、およびチェック（確認やモニタリング）などが含まれるとされ、「自分の思考プロセスに気付き、異文化の文脈を理解し問題を解決するために自分の知識を利用する能力のことである」と述べています。

④ CQ Action（非言語的な行動力や言語などによる適応行動）

　CQ Action とは、「様々な状況の中で適切に行動する能力」のことであり、異なる文化的な状況の中で効果的に目標を達成できるかどうかに影響する能力でもある、とされています。簡潔にまとめるなら実行力というところでしょうか。

　CQ Action の中には、ノンバーバルなもの（態度など非言語的なもの）とバーバルなもの（言葉によるもの）が含まれ、どちらも特定の文化的文脈に合わせた柔軟な態度が CQ Action のカギである、としています。

　リバモア氏はまた、著書においてこれらの4つの要素は下記のような4ステップのサイクルで考える必要がある、と述べています。

ステップ1	CQ Drive（動機）が特定の異文化間の課題に必要な理解と計画を追求するためのエネルギーと自信を与える段階。
ステップ2	CQ Knowledge（知識）が、上記の課題に関する基本的な文化的問題への理解力を与える段階。
ステップ3	CQ Strategy（戦略）が、現在の状況で何が起こっているのか解釈し、戦略を計画できるように文化的理解を引き出す段階。
ステップ4	CQ Action（行動）が効果的で柔軟なリーダーシップ能力を可能にする段階。

上記のうちのどれか1つの段階、もしくは1つのスキルのみに注力してしまうと、カルチュラル・インテリジェンスを高めるどころか相手の文化を無視することにもなりかねないため、4つの段階を総合的に用いることが大切であると、リバモア氏は強調しています。
　なお、リバモア氏の優れた著書の1つに、ステップ2に着目した「*Expand Your Borders*」というものがあります。この著書で彼は、下記のように世界の主な国々の文化圏を10のカテゴリーに分け、それぞれの特徴を7つの指標で評価し、分かりやすく解説しています。

＜10のカテゴリー＞

①北欧系	デンマーク、フィンランド、アイスランド、ノルウェー、スウェーデンなど
②英国系	オーストラリア、カナダ、アイルランド、ニュージーランド、イギリス、アメリカなど
③ゲルマン系	オーストリア、ベルギー、ドイツ、オランダ、ドイツ系スイスなど
④東欧系	ブルガリア、チェコ、エストニア、ハンガリー、カザフスタン、モンゴル、ロシア、ポーランド、セルビアなど
⑤ラテンヨーロッパ系	フランス、フランス系カナダ、イタリア、ラテン系スイス、ポルトガル、スペインなど
⑥ラテンアメリカ系	アルゼンチン、ブラジル、コロンビア、コスタリカ、エクアドール、ベネズエラ、チリ、メキシコなど
⑦儒教アジア系	中国、日本、シンガポール、韓国、台湾など
⑧南アジア系	インド、インドネシア、マレーシア、フィリピン、タイなど
⑨サブサハラアフリカ系	ガーナ、ケニア、ナミビア、ナイジェリア、ザンビア、ジンバブエなど
⑩アラブ系	バーレーン、エジプト、ヨルダン、クウェート、サウジアラビア、チュニジア、UAEなど

※サブサハラアフリカとは、サハラ砂漠より南の地域を指します。

●7つの指標

	文化圏の特徴	日　本
①	個人主義 ＶＳ 集団主義	集団主義
②	平等主義 ＶＳ 階層主義	中間に位置
③	不確実性に対して許容性が高い ＶＳ 不確実性に対して許容性が低い	中間に位置
④	協調主義 ＶＳ 競争主義	中間に位置
⑤	短いスパンで考える ＶＳ 長いスパンで考える	長いスパンで考える
⑥	ロー・コンテクスト ＶＳ ハイ・コンテクスト	ハイ・コンテクスト
⑦	Being ＶＳ Doing（生き方を優先 ＶＳ 何を成すかを優先）	中間に位置

　ただし、どの文化圏であっても個人差や例外があるため大まかな理解のために活用し、偏見には十分気を付ける必要があると、リバモア氏は著書の中で何度も強調しています。

　ちなみにリバモア氏によりますと、日本はそれぞれの指標について①集団主義、②中間に位置、③中間に位置、④中間に位置、⑤長いスパンで考える、⑥ハイ・コンテクスト、⑦中間に位置、とのことです。

　リバモア氏はこの分野の代表的な専門家の１人としてワークショップやウェブサイトの運営など精力的に活動されていますので、興味のある方はぜひ一度アクセスしてみてはいかがでしょうか。きっと新しい発見があると思います。

（http://davidlivermore.com/blog/）

(4) ブルックス・ピーターソン氏の「Cultural Intelligence ── A Guide to Working with people from other culture」

　カルチュラル・インテリジェンスについて論じるにあたり、「そもそも文化とは何か」という部分まで掘り下げ、詳しく解説したうえで、各

文化を理解するヒントとして様々な指標を具体的に例示し、さらにカルチュラル・インテリジェンスの伸ばし方や養い方まで分かりやすく論じた名著です。

この文献の特に優れている部分の1つに、文化を氷山にたとえ、見える部分と見えない部分についてそれぞれ具体例を挙げて解説している点があります。そして、その具体例を下記のような4つの枠に整理して分類しているため、非常に分かりやすく、かつ理解を深める重要なヒントになっているのです。

	古典的で壮大なもの	細かく一般的なもの
見えない文化 "氷山の底"	コアになる価値観 態度、信念、社会規範、法的基盤、思い込み、歴史、認知プロセス	よくある問題、意見、視点、年数とともに変わる好みや嗜好
見える文化 "氷山の一角"	美術、文学、芸術作品、建造物、地理、産業、有名人、大統領や政治家、主要な歴史	ジェスチャー、姿勢空間の使い方、服装、食物、趣味、音楽、短期トレンド、スラング

ピーターソン氏はまた、それぞれの文化を客観視するための指標についても、シンプルな5つの指標と、それとは別のより細かい20の指標を次のようにそれぞれ挙げて、解説しています。

＜5つの指標＞

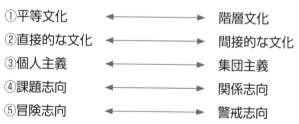

①平等文化　　　⇔　　　階層文化
②直接的な文化　⇔　　　間接的な文化
③個人主義　　　⇔　　　集団主義
④課題志向　　　⇔　　　関係志向
⑤冒険志向　　　⇔　　　警戒志向

<20の指標>

①マネージャーの役割	ボス ←→ チームプレーヤー	
②意思決定スタイル	総意 ←→ 命令	
③対立スタイル	直接的 ←→ 間接的	
④働き方	直線的な時間間隔 ←→ 並行的な時間間隔	
⑤労働者のモチベーションと報酬	対個人 ←→ 対集団	
⑥働く目的	仕事優先 ←→ 生活優先	
⑦変化に対する見方	ポジティブ ←→ ネガティブ	
⑧人生や商売に対するコントロール感	コントロール可能 ←→ コントロール不可能	
⑨質の定義	耽美性 ←→ 機能性	
⑩計画スタイル	動く前に検討する ←→ 検討する前に動く	
⑪自由 vs アイデンティティ	自由 ←→ アイデンティティ	
⑫世俗的 or 宗教的	世俗的／自然主義的 ←→ 宗教的／超自然的	
⑬人生のペース	慌ただしい／時は金なり ←→ ゆっくり流れる	
⑭礼儀・儀礼・形式	略式 ←→ 儀礼的	
⑮推論スタイル	結論からスタート ←— 一斉に結論へたどり着く —→ 最後に結論へ到達	
⑯認知スタイルとコミュニケーション	結論や焦点までの道筋が直線的 ←→ 結論や焦点までの道筋が円環的	
⑰合理的 or 感情的コミュニケーション	合理的 ←→ 感情的	
⑱身体的空間	近い ←→ 遠い	
⑲沈黙に対する受け止め方	沈黙を受け入れる ←→ 沈黙を避ける	
⑳会話の流れ	割り込む（早い） ←— 順に行う（中程度） —→ 止める（ゆっくり）	

(5) ディビッド・トーマス氏他の「Cultural Intelligence」

　本著もカルチュラル・インテリジェンスに関する重要な知見を与えてくれる貴重な文献の1つと言えると思います。この本で筆者達は、カルチュラル・インテリジェンスについて次の図のような3つのスキルから構成されていると説明しています。

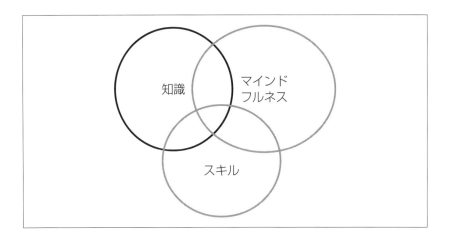

　本著ではさらに、62に及ぶ社会を10群に分けたGLOBE（Global Leadership and Organizational Behavior Effectiveness）研究をはじめ、様々な国を特定のカテゴリーに分けた研究をいくつか紹介し、理解を深めるヒントを提供しています。
　次の9つの指標はその1つで、とても参考になるものです。
　なお、この本が特に有益なのは、カルチュラル・インテリジェンスを伸ばす方法としてマインドフルネス（今起こっていることに注意を払うこと）に焦点を当てて具体的な方法論を展開している点です。最近では、ビジネスマンを対象としたメンタルヘルスやストレス対処本として、マインドフルネスに焦点を当てた書籍は数多く出版されてきていますが、カルチュラル・インテリジェンスの視点から切り込んだ本はあまり多くはなく、そのような意味でも非常に参考になる文献の1つだと思います。

＜9の指標＞
　①制度的集団主義への指向性
　②グループ内集団主義への指向性
　③階層主義への指向性
　④不確実性への回避傾向
　⑤ジェンダー平等主義への指向性
　⑥直面化志向
　⑦人道的態度への指向性
　⑧将来性に対する指向性
　⑨実績に対する指向性

(6) テリー・モリソン氏他の「*Kiss, Bow, or Shake Hands*」

　カルチュラル・インテリジェンスに関する文献のうち、特にCQ Knowledgeを伸ばす意味で大変参考になる本の1つです。世界主要60ヵ国の「国の概要」「ビジネス慣行」「儀礼・生活習慣」「食文化」「宗教・人種構成」「固有の価値観」などを簡潔に分かりやすくまとめており、辞書代わり、あるいはレファレンスブックとしても使用することができると思います。

　本国アメリカではベストセラーになった本で、ここ20年ほどの間に何度か改訂版も出版されており、1999年には日本語訳も出版されています（日本語訳版については、現在は絶版になっているようです）。

(7) 宮森千嘉子・宮林隆吉両氏の「経営戦略としての異文化適応力」

　日本人の研究者による日本語で書かれた数少ない関連書の1つに宮森千嘉子・宮林隆吉両氏の「経営戦略としての異文化適応力」があります。ヘールト・ホフステードの6次元モデル[*2]をベースに、CQの概念を分かりやすくまとめた実践的な良書です。

　実は、筆者がCQに関する実務的な入門書を執筆しているまさにそのとき、この本が世に出たため、筆者の執筆の方向性も大幅な修正に迫ら

れました。しかし、そのお陰で、より実践的かつ筆者の専門領域に焦点を当てたCQカウンセリングのアイディアを生み出すことができました。

そのような意味でも、本著は筆者に大きな影響を与えた本の1つです。CQに関する最初の1冊として、お勧めしたいと思います。

以上、筆者がお勧めしたい良書をピックアップいたしましたが、強調しておきたいのは、それぞれ似た部分はあっても、専門家によって様々な枠組みや指標・考え方があるということです。それはひとえに、この分野が研究者の経験と切っても切れない関係にあるからかもしれません。

CQについて学んでいくと、「この国の人はこのような傾向がある、という知識が先入観につながるリスクがあるのではないか」という不安を抱くことがありますが、様々な専門家の意見に触れることでそのリスクを最小限にすることができるのではないかと筆者は考えています。あえてここで専門家の枠組みを紹介させていただいたのは、そのような理由からです。

ぜひ、専門家の理論に触れるためのヒントにしていただきたいと思います。

なお、ここでご紹介した文献は日本で出版されているカルチュラル・インテリジェンスに関する翻訳本が少ないこともあり、英語の文献が中心になっています。英語があまり得意ではない、あるいは英語の本を読んだことがない、という人でも下記のような方法を工夫することで若干ハードルは下がると思いますので、ぜひご一考ください（ただし不自然な日本語に翻訳されることも多いので、ある程度の基礎的な英語力はあったほうが良いでしょう）。

・紙製の本を購入した場合

スマートフォンなどにスキャン＆翻訳アプリをダウンロードします。翻訳したい箇所を写真で取って翻訳ボタンをタップすれば翻訳が完了します。

・e-book を購入した場合

e-book をダウンロードしたデジタル機器（スマートフォンやパッドなど）に翻訳アプリも一緒にダウンロードします。翻訳をしたい箇所を指定して「翻訳する」をタップすれば、翻訳が完了します。翻訳ソフトをオフラインで使用できるように設定しておけば、ネットがつながらない場所でも気にせず読み進めることができると思います。

※1　カルチュラル・インテリジェンスを測定するスケールである CQS（Cultural intelligence Scale）も、大きくこの４つの指標から構成されています。
※2　ヘールト・ホフステードの６次元モデルは、国の文化の違いを次の６つの指標から数値化したもの。
　　・権力の格差
　　・個人主義 対 集団主義
　　・男性らしさ 対 女性らしさ
　　・不確実性の回避度
　　・実用主義の差
　　・人生の楽しみ方

第2章

カルチュラル・インテリジェンスの実際

1 CQコンサルティング®の概要

(1) CQコンサルティング®がなぜ必要か

　前章で少し触れたとおり、CQの知見や理論をコンサルテーションやカウンセリングなど対人コミュニケーションに活かしたり、組織改善のために応用する考え方や手法を、筆者はCQコンサルティング®と名付けました。

　もともと、外国人を対象としたカウンセリングやコンサルテーション、外国で生活する日本人を対象としたカウンセリングやコンサルテーションそのものは決して新しいアイディアではなく、異文化カウンセリングや異文化コンサルティングなどと呼ばれ、日本においても多くの専門家が実践し知見を積み上げてきました。

　しかし、そのスキルはカウンセラーやコンサルタントの個人的な経験や知識による部分が大きかったり、特定の国や文化に偏りがあるケースも少なくなく、現在のように様々な国の人々と、様々な形で関わる現代においては、十分に機能するとは言えなくなってきています。

　筆者は、異文化カウンセリングの経験に加え、シンガポールに会社を設立・運営する経験を通して、特定の文化圏に限定されず様々な文化圏に応用できるようなコミュニケーション技術や手法の必要性を強く感じるようになりました。そして、その技術や手法はカウンセラーやコンサルタントはもちろん対人業務に就く多くの人々にとっても非常に有益である、という考えに至りました。

(2) インド人とのカウンセリング

　CQコンサルティング®の手法について掘り下げるにあたり、シンガ

第2章●カルチュラル・インテリジェンスの実際

ポールの弊社相談室で、あるインド人の男性の相談対応をした経験をご紹介したいと思います（匿名性には十分配慮しています）。

その男性Aさんは、ある専門家（Cさん）の紹介でつながった方でした。もともとAさんの父親BさんがCさんにカウンセラーを探していることを伝え、Cさんが筆者のことを思い出して紹介してくださった、という流れでした。

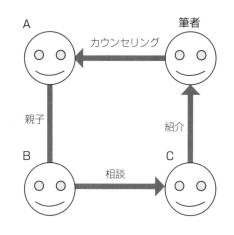

最初、Bさんから筆者に「息子の相談を受けてほしい」というメールが入りました。短く簡潔なEメールでしたが、その文面から息子を心配する様子が伺われました。筆者は、「Aさんから直接、筆者宛にメールを入れアポイントを取ってほしい」と返信したところ、翌日早速Aさんから連絡が入りました。

カウンセリングの当日、時間どおりに現れたAさんを椅子に案内し、早速相談を始めました。Aさんは少し元気のない様子で、具体的な経緯と相談内容を話してくれました。途中、何度か「○○で間違いないでしょうか…？」「××で間違いないでしょうか…？」と承認を求めてきましたが、「本人の意思や考えを尊重すべきである」という教育を受けてきた筆者は、「私は○○で良いと思いますが、Aさん自身はどう思われるのですか？」「私も××だと思いますが、Aさんのお考えはいかがですか？」と返しました。Aさんはその度に「私も○○で良いと思うのですが…。それで良いですよね？」「私も××だと思いますが…それで間違いないですよね？」と繰り返しました。

その日は「まずはAさんの考えた△△という方法で進めてみて、もし何かあったらまたいつでもご連絡ください」と伝えて終わりましたが、

どことなくスッキリしない表情のAさんが印象に残りました。

　その日のうちにAさんに来所の御礼メールを送ったあと、しばらくAさんのことを気にかけていたところ2週間後再びBさんから「またぜひ相談に乗ってほしいのだが、息子がカウンセリングに行きたがらない。他のもっと偉く権威のある先生のカウンセリングを受けさせたのだが、誰か知らないか」というメールが送られてきました。

　筆者よりもっと偉く権威のある先生を紹介してほしい、というBさんの直接的な要求に少々驚きましたが、早速Aさんにその旨伝えるメールを送ったところ、「自分で対処できるので大丈夫です」という短い返事がきただけでした。

　そこで仕方なく筆者はBさんに、「他の先生を紹介することはできるが、本人の意思がないとどうしようもない。私は本人の意思を大事にしたい」というメールを送ったのですが、その後Bさんから返事がくることはありませんでした。

● 何が問題だったのか

　筆者は自分の相談対応の何がいけなかったのか、じっくり考えました。長年、日本で日本人を対象に行ってきたカウンセラーの視点で考えれば、特に何か失敗をしたわけではありません。カウンセリングは英語で行われましたが、お互いの意思疎通もスムーズにいきましたので、コミュニケーションについても大きな問題はなかったと思います。

　にもかかわらず、何となく腑に落ちないような、すっきりしない点がいくつかありました。例えば、下記のような点でした。

①Aさんが筆者に何度も確証や確認を求めたこと。
②AさんとBさんではカウンセリング受診に対する温度差があったこと。
③Bさんが筆者に「もっと偉く権威のある先生を紹介してほしい」と直

接、要望を伝えてきたこと。

　Aさんとのカウンセリングが不自然な形で終結したあとも、しばらくその違和感の正体が疑問だったのですが、その後、筆者がカルチュラル・インテリジェンスについて本格的に勉強を始めるようになってから解けなかった謎が突然解け、やっと理解できるようになりました。
　インドは、いわゆる権力格差の大きい国と言われ、基本的に人との関係はあまり平等ではないとされています。政治家や国のリーダーはもちろん、医師や教師、そして親――特に父親など、自分より上の人や地位の高い人の指示には素直に従うことが求められる文化と言われています。そして地位が高い者も、下の者に対して適切な指示を与えることが求められる文化とされているのです。
　つまり、①の「Aさんが筆者に何度も確証や確認を求めた」のは、専門家でAさんより上の位置にいる（とされる）筆者に対して、適切な指導や指示を期待したからに他ならないでしょう。ところが、「相談者の意思を尊重すべき」という日本流の――あるいはカウンセリングの発祥地である西欧流の――固定観念にとらわれていた筆者は、それに気づかなかったのです。Aさんはきっと筆者の対応に違和感を抱いたに違いありません。
　②についても、Aさんの"カウンセリングに対する消極性"の謎が解けました。社会的地位が上位である者の指示に従うことが求められる文化であるために自分の意思よりも父親の顔を立ててカウンセリングに臨むことが優先されたのでしょう。しかしながら、本人は父親ほど必要性を感じていなかったために、1回でやめてしまったのです。あるいは、日本のような母性社会では、どちらかというと父親より母親のほうが息子の考えに口を出し、息子がしぶしぶ従う傾向がありますが、父性社会の傾向が強いインドでは父親が息子の考えに口を出す傾向が強かったのかもしれません。

③についても、大きな謎が解けました。日本人の感覚から言えば、世話になったカウンセラーに、「もっと著名な先生を紹介してほしい」と要求することは失礼になりがちです。暗に「あなたではもの足りないので、もっと優れた先生に担当させてほしい」と伝えているようなものだからです。

ところがインドでは、クライエントである息子を正しく指導できない筆者は、力不足に見えると同時に、よりパワーのある人を要求するのは自然なことだったのでしょう。特に、このB氏は男性であると同時に、地位の高い人でもありました。その地位の高い男性であるB氏が、年下の女性で、なおかつ一専門家にすぎない筆者に要求するのはごく当たり前のことだったと思います。

しかし自分より下であるはずの筆者が、B氏の希望どおりすぐに専門家を紹介しなかったばかりか「Aさんの意思を尊重してほしい」などと伝えたためにメールを返す気すら起こらなかったのではないでしょうか。

この経験は、当時カウンセラーとして20年近く経験していた筆者にとって、大きなインパクトを与えると同時に、貴重な学びの機会となりました。そして、グローバル化が進む現代社会において、カルチュラル・インテリジェンスの知識や能力はますます必要不可欠になると確信したのでした。

(3) CQコンサルティング®における基本的なスキル

前章において、CQコンサルティング®の基本的なスキルとして次の項目を挙げましたが、ここではもう少し具体的に掘り下げて考えていきたいと思います。

第2章●カルチュラル・インテリジェンスの実際

＜CQ コンサルティング®の基本スキル＞
　①相手の文化の特徴や文脈を素早く理解し、受容する能力
　②相手が置かれた社会的状況や心理状態を理解し、共感する能力
　③自分の属する文化の特徴を理解し、相手の文化に合わせて自分の言動を
　　自然な形で調整する能力

①相手の文化の特徴や文脈を素早く理解し、受容する能力
　相手の国や文化の特徴を素早くつかみ、偏見を持たずに受容する能力のことです。一例を挙げてみましょう。
　多くの日本人にとってアフリカ諸国は馴染みが薄いと思います。そのためアフリカから来日した人に対して、「アフリカは今なお発展途上だろうから、日本のような便利な生活への戸惑いが大きいだろう」と考えてしまうかもしれません。
　しかし、当然ですが一口にアフリカと言っても国や都市によって状況はいろいろです。
　場所によっては、IT インフラが普及し日本人より Wi-Fi 環境に慣れている人も珍しくありません。さらに、共通語が英語である国が多いこともあり、英語圏の国々に働きに行ったり留学する人も多いため、英語が苦手な日本人よりコミュニケーション能力が高く、世界情勢や先端技術にも詳しい人がたくさんいます。
　人間は、馴染みのない国や文化の相手ほど偏見を持ったり、誤解したり、警戒心を抱きがちです。先入観とのギャップが大きいほど、目の前の人を理解するまで時間がかかって、信頼関係を構築するまで遠回りをしてしまうでしょう。
　偏見を持たずに相手の国や文化の特徴を素早く理解し、受容する能力は、CQ コンサルティング®の中でも重要なスキルの1つと言えます。

②相手が置かれた社会的状況や心理状態を理解し、共感する能力

　相手のニーズに応え、より満足度の高いコンサルティング・サービスを提供するためには、まず相手のことをよく知り、その心理状態を理解することが必要となります。

　しかし、その人が育ってきた国や文化によって、同じ状況であっても受け止め方は千差万別であるケースが少なくありません。

　例えば、過重労働の末うつ病で自殺をした夫の死を悲しむ妻から話を聴くケースを想定してみます。もし、話し手も聴き手も同じ文化的背景を持つ日本人どうしであれば、「妻は後悔と絶望で自分を責めるかもしれない」「本当に気の毒だから、せめて労災を申請できるか確認してあげよう」などと考える聴き手（コンサルタントやカウンセラーなど）は多いのではないでしょうか。

　一方で、その妻が外国人であった場合——自殺が許されていないカトリックの国から来た人のような場合は、妻の受け止め方も、置かれる状況も大きく異なる可能性があります。発展途上国で家族が自殺をしたとなれば、経済的な苦労はもちろん、残された妻も周囲から偏見の目に晒されるかもしれません。残された家族の苦しみや困難は、日本人が想像する以上かもしれないのです。

　相手の気持ちを理解し、相手の立場に立ってニーズを汲み取ることは、カウンセラーやコンサルタントに限らず、カスタマーサービスや顧客対応業務などヒューマン・サービスに就く人々にとっては非常に重要な能力の1つです。相手が置かれた社会的状況や心理状態を理解し共感する能力は、ＣＱコンサルティング®の中でも重要なスキルの1つであると同時に、他業種にも応用できる重要なスキルの1つと言えるでしょう。

③自分の属する文化の特徴を理解し、相手の文化に合わせて自分の言動を自然な形で調整する能力

　異なる文化の相手とのコミュニケーションを、より円滑で良好なもの

にするためには、①や②で述べたように偏見をなくし相手の気持ちを理解するよう努めるだけでは不十分です。コミュニケーションは双方向で行うものだからです。

コミュニケーションをキャッチボールにたとえる人もいますが、異文化の人とコミュニケーションにおいても同じことが言えるでしょう。相手が受け止めやすいボールを投げる必要があり、そのためにも自分自身のコミュニケーションの特徴やクセを理解し、相手の文化に合わせたボールを投げなければならないのです。

例えば、オランダやアメリカ合衆国などのようなロー・コンテクストの国々では、自分の意思をはっきり伝えることが奨励される文化です。このような文化圏の人とコミュニケーションを取る場合は、はっきりとした言い方を避け行間を読む傾向が強い日本人であっても、相手の文化に合わせて表現方法を変える必要があります。

しかし、ネガティブな内容でも何でもはっきり言葉にしてしまうと、相手を不快にしてしまう可能性もあります。大事なのはあくまで**"自然になるよう調整する能力"**なのです。

自分の属する文化の特徴やクセを理解し、ある程度相手の文化に合わせて自分の言動を自然な形で調整する能力は、ＣＱコンサルティング®の中でも特に重要なスキルの１つと言えるでしょう。

(4) CQコンサルティング®の基本的な枠組み

CQコンサルティング®を実践するにあたり、日本と相手の文化の特徴を把握するための基本的な枠組みを押さえておくことが必要です。

前章で述べたように、専門家によって４つの枠組みを用いる場合もあれば、20の枠組みから各文化の特徴を理解する場合もありますが、CQコンサルティング®においては、日本で働く外国人（最近は特にアジア系が多いと思います）へのヒューマン・サービスやカスタマーサービス、もしくはマネジメントなどの分野で活用することを主眼にしていますの

で、次のような 12 のカテゴリーを基本的な枠組みにしたいと思います。

①平等文化 ⟵⟶ 階層文化
②個人主義 ⟵⟶ 集団主義
③ Being ⟵⟶ Doing（生き方を優先 ⟵⟶ 何を成すかを優先）
④不確実性に対して許容性が高い ⟵⟶ 不確実性に対して許容性が低い
⑤短いスパンで考える ⟵⟶ 長いスパンで考える
⑥ロー・コンテクスト ⟵⟶ ハイ・コンテクスト
⑦身体的空間が近い ⟵⟶ 身体的空間が遠い
⑧沈黙に対する受け止め方（沈黙を受け入れる ⟵⟶ 沈黙を避ける）
⑨会話の流れ（割り込む（早い） ⟵⟶ 順に行う（中程度） ⟵⟶ 止める（ゆっくり））
⑩対立スタイル（直接的 ⟵⟶ 間接的）
⑪計画スタイル（動く前に検討する ⟵⟶ 検討する前に動く）
⑫礼儀・儀礼・形式（略式 ⟵⟶ 儀礼的）

　次項ではこの枠組みに沿って CQ コンサルティング®の視点を活かした問題の理解と解決の方向性について、具体例を挙げて考えていきます。

第2章●カルチュラル・インテリジェンスの実際

2 ケース別CQコンサルティング®のポイント

(1) 平等文化 ←→ 階層文化

Aさんのケース
・40歳代のマネージャー
・十数人の部下を持つ
・部下の中に、最近入社してきた20歳代のベトナム人男性がいる

●経緯と懸念事項

Aさんはある企業で働く40歳代のマネージャーで、十数人の部下を抱えていました。その部下の中に、最近入社してきた20歳代のベトナム人男性もいました。

そのベトナム人男性は、明るく真面目で仕事熱心な若者でしたが、A

さんにとっては初めての外国人部下ということもあり、戸惑うことが少なくありませんでした。

例えば、Aさんは部下の自主性を重んじるマネジメント・スタイルを大事にしていたので、ことあるごとに「君はどう思うの？」「ここを改善するには、どうしたら良いと思う？」「どうしてそういうプロセスが必要になるのか少し自分で考えてみて」などのような疑問を投げかけることが多くありました。

多くの部下を育ててきたAさんにとって、自分の頭で考えて自ら成長することができる社員を一人でも多く育てることが会社に貢献すること

41

であり、それがAさんのモットーでもあったからです。

　ところが、そのベトナム人男性は、Aさんが疑問を投げかけるたびに怪訝そうな顔をして何度も理由を求めました。Aさんは、「外国人だから仕方ない」と思い、その度に「自分で考えることが成長につながるから、考えてほしい」と答えていましたが、あまり納得していない様子であることはその表情からも明らかでした。

　あるとき、そのベトナム人の部下が仕事中に大きなミスをしてしまいました。Aさんは「マネージャーとして必要最低限の注意叱責はしなければ」と思い決して声を荒げることもなく、いつものように「次回からはどうすればミスを防げるか自分で考えてみて」と注意を促しました。

　ところが、その日を境にベトナム人の態度が変わり、Aさんに対してすっかり無愛想となってしまいました。そして、1ヵ月もしないうちに退職してしまったのでした。

　初めての外国人部下ということで、多くのエネルギーと時間を割いていた矢先だったAさんは、ベトナム人男性がたった一回それも注意程度の叱責をしただけですぐ辞めてしまったことにショックを受けました。そして、外国人労働者を増やそうとしている会社の方向性に、大きな不安を覚えたのでした。

● CQコンサルタント®が考える問題点

　日本は、親や上司など目上の人を立てる文化が根強く残るピラミッド型の組織を特徴とした階層文化社会である、と思われる人も少なくないと思いますが、実はトップダウンで物事を決めて上から指示をするより、むしろあらかじめ根回しをして大筋を決めておき最後にトップから発表してもらう…などのように、意外と階層的でない部分が多いと言われています。そんな日本文化に対して、もともと小国が乱立し社会主義国でもあったベトナムのほうが階層社会の傾向が強い面もあるようです。

　一方で、度重なる大国の侵略と戦い続けた歴史を持つベトナム人は、

独立心が強く非常にプライドが高い一面もあるようです。もちろん、人それぞれ個性がありますしベトナム人に限ったことではありませんが、指導や叱責をする場合は、日本人が考える以上にインパクトを与える可能性があります。特に、他の人が見ている前で叱ったり、むすっとした表情で叱ったり、バカにした印象を与えるような表情をしたり、感情的な叱り方はプライドを傷つけてしまう可能性があるので気を付けたほうが良いでしょう。

　叱るのではなく理由をきちんと説明し具体的な指示を出したうえで、どの程度理解できたのか確認するために、本人からも具体的に説明してもらったり、「何パーセントくらい理解できたと思うか」など数値で表現してもらっても良いかもしれません。

(2) 個人主義 ←→ 集団主義

Bさんのケース
・人事担当者
・外国籍スタッフの雇用が増加
・社会保険関係の手続き書類が増加

●経緯と懸念事項

　Bさんは、企業の人事担当者です。ここ数年の間に外国籍のスタッフを雇用する機会が増えたため、社会保険関係の手続き上必要な書類も増えていきましたが、人事の経験も長かったので、それほど大きな負担にはなっていませんでした。

　ところが、中国籍のスタッフが増えるにつれ手続き以外の部分で悩む機会が増えていきました。採用した中国人のスタッフは真面目で優秀な人ばかりだったのですが、社会保険手続きの際に同居していない親兄弟を扶養に「入れる」「入れない」で、当の中国人スタッフから詳しい説明や理由を求められることが増えてきたからです。

　Bさんにとっては、扶養親族の認定基準は法律で決まっていることでしたので詳しい説明など不要だと思っていたのですが、中国人スタッフ達の正直な感想としては、たとえ遠い場所に住んでいたとしても、親兄妹が支えてくれているお陰で自分も会社に貢献できるのだから、なぜ扶養から外されるのかいまひとつ納得できなかったのでした。

　採用された中国人スタッフは聡明で人柄も良いスタッフばかりでしたので、トラブルになったり、ごねたりすることはありませんでしたが、入社の度に詳しい説明を求められるのでBさんはすっかり疲れてしまいました。

そして、偏見とまではいかないまでも「中国の人って、なんであんなに損得に敏感なんだろう」と感じるようになってしまいました。

● CQ コンサルタント®が考える問題点

　一般に、日本人は集団主義的と考えられているようですが、それは西洋文化と比較してであって、中国のほうが日本よりも集団主義的な文化と言われています。特にBさんの会社のようなケースなど人によっては「損得勘定の意識が強い」と誤解してしまう場合もあるかもしれませんが、所属する集団のメンバーを大事に思うが故の行動である場合が多いと思います。

　日本に比べて親族や身内のネットワークを大事にする傾向が強いのは、中国文化の特徴の1つと言われています。

　高齢者が増え続ける現代の日本においては、医療保険の財源には限りがあるため国外にいる外国人の親族の医療費までサポートすることは不可能です。あくまで日本の法律の範囲でしか対応はできませんが、外国人のみならず雇用される人達みんながより満足して働くことができるように、家族手当や帰省手当を増やすなど、離れた場所に住んでいる親族をサポートできるような人事制度を検討してみるのも1つの方法でしょう。

(3) Being ←——→ Doing
（生き方を優先 ←——→ 何を成すかを優先）

Cさんのケース
・ネパール人男性
・一大決心をして来日
・お金をためて帰国し家族と暮らすことが目標

●経緯と懸念事項

　Cさんはネパール人男性。「頑張って日本で働いて、家族に豊かな生活をさせてあげたい、早くお金を貯めて、国に帰ってまた家族と幸せに暮らしたい」と一大決心をして日本にやってきました。

　ネパールから来たCさんが勤務したのは、ある中小の建設会社でした。その会社は昔から若手を育てることに熱心でしたが、中でもCさんの上司は「外国人であっても、しっかりとした技術を身に付けて国に帰ってほしい」という気持ちが強い人でした。その気持ちが強過ぎるあまり、指導にも熱が入って、勤務時間を過ぎても時間を延長して指導を続けることが少なくありませんでした。

　ところがCさんにとっては、その上司の熱意がどうしても理解できませんでした。お金を稼いで家族を幸せにすることのほうが大事であって、残業代も出ないのに勤務時間外に技術を学びたいとは思わなかったからです。

　そのため、上司が止めるのも聞かず、終業時間になるとさっさと退社してしまうことが続きました。上司との関係もだんだん悪くなっていき、「これだからガイジンはダメだ」と繰り返し言われるようになりました。

　Cさんは、そんな職場にすっかり嫌気がさしてしまい、とうとう日本

で働き続けることを諦め、ある日突然会社を辞めてしまったのでした。

● CQ コンサルタント®が考える問題点

　日本人は生活を楽しむというより、どちらかというと"何を成すか"という意識が強い文化と言われています。例えば、長く技術を磨いてきた職人が尊敬されたり、仕事で成果を上げた人が高い評価を得る傾向が比較的強いのです。そのため、日本のような"何かを成すことが尊重される文化"を基準にしてしまうと、適応できなくなる外国人が多くなる可能性があると思います。

　特にネパールの人々は、日本人と比べて家族との生活や生き方を優先する傾向が強いと言われています。たとえ技術を身に付けることを望んで日本に来た人であっても、日本人ほど仕事中心の生き方をしていない人のほうが多いのではないでしょうか。

　異文化とあまり縁がなかった日本人の管理職から見れば、"ガイジンはこれだから"と一括りになってしまうかもしれませんが、日本の仕事優先の文化のほうが、良い悪いは別として世界から見たら偏っている可能性があることに気づく必要があるかもしれません。

　そのような意味でも、今後ますます、外国人の部下を持つ日本人管理職に対する研修や意識改革が必要になってくるでしょう。

　例えば、「仕事優先か・プライベート優先か」について比較した研究を研修の中で紹介するのも１つの方法です。日本は主要100ヵ国の中でも１、２位を争うほど仕事中心の生き方をする傾向が強いこと、一方で幸福度ランキングは156ヵ国中58位（2019年世界幸福度報告書）と言われていること、世界的に見ても自殺率が高いこと…などについて、具体的な研究や事例を挙げて管理職に理解してもらうのです。

(4) 不確実性に対して許容性が高い ←→ 不確実性に対して許容性が低い

Dさんのケース
・技術系企業マネージャー職のエンジニア
・同部署に外国人労働者が配属
・業務の進め方に大きなズレ

●経緯と懸念事項

　Dさんは、技術系企業のマネージャー職に就くエンジニアです。数年前から会社の方針が変わり、外国人の技術者を雇用するようになったため、最近になって数人の外国人労働者がDさんの部署に配属されることになりました。

　20歳代のマレーシア人男性もその1人でした。日本語は多少不自由ではあるものの基本的な会話に支障はなく、明るく元気な青年でした。未経験の仕事に対しても非常に前向きで、新しい技術にも貪欲に取り組んでいました。

　ところが、数ヵ月経って業務に慣れた頃になっても、Dさんが業務の進め方について一生懸命指導してもなかなか理解できず、仕事に支障が出ることが少なくありませんでした。というのも、不測の事態が生じても工程に遅れが生じないよう段取りを考え少しでも先に進めておきたいDさんの意向を理解できず、マイペースで仕事を進める傾向が強かったからです。

　最初、言葉の問題であると考えたDさんは、「不測の事態に備えて」という言葉を別の平易な言葉で言い換えて説明していました。ところが、どれほど平易な言葉を選んで説明しても、"早めに段取りを進めておく

必要性"がいまひとつピンとこない様子でした。不測の事態に備えるための段取りについて彼自身の頭で考えることができないために、結局Ｄさんが１つ１つ説明をしないといけないのでした。

　本国では有名大学を出た優秀な人材のはずなのに、なぜ不測の事態に備えて早めに動くことができないのかＤさんはどうしても理解することができませんでした。そして、外国人へのマネジメント方法が分からず、すっかり悩んでしまったのでした。

● CQ コンサルタント®が考える問題点

　人にはそれぞれ個性があるので一概には言えませんが、一般に日本人は自然災害が多い歴史的背景もあるため、不確実性に対する許容性が低い文化であると言われています。いわゆる「心配性」という意味で、事前に万全の準備をして見通しを立てておかないと、不安になる傾向が強いとされています。

　一例を挙げると、完璧とは言えなくとも国民皆保険制度が整っているにもかかわらず保険商品への関心が高く広く浸透していること、交通機関が時間に正確であること、などです。一方、マレー系の人は日本人と反対の傾向があるとされ、不確実性に対して許容性が高く楽観的に考える人が多いと言われています。同じアジア人でありながら、歴史や気候が日本と大きく違うことも、その理由の１つでしょう。

　不確実性に対して許容性が高い文化の人々に、不測の事態に備えるよう念押しするより、具体的な業務とスケジュールを明確にしたうえで、不測の事態にはどのようなケースが想定されるか、その際の対応策にはどのような方法があるか、１つ１つ具体的に説明して指示をしたほうが有益です。特に、台風や地震などによるインフラ等の障害や、人身事故による交通機関の乱れなど、日本に多く発生する不測の事態について具体的に説明しておく必要があるでしょう。

(5) 短いスパンで考える ◀――▶ 長いスパンで考える

Eさんのケース
・金融機関の営業担当者
・口座開設を希望する外国人が増加傾向
・外国人向けの商品開発を模索

●経緯と懸念事項

　Eさんは金融機関で働く営業担当です。最近、外国人労働者が増えてきたこともあり、口座開設を希望する外国人が増える傾向にありました。

　その金融機関でも、時代の変化に対応しようと審査方法などのマニュアルも整え、多少言葉の問題があっても滞りなく手続きが進められるよう、体制を整えていきました。

　あるとき、すでに口座を開設していたある台湾人が窓口にやってきて、投資関連の商品がないか相談してきました。その金融機関ではそれまで、口座の開設を希望する外国人客の対応経験はありましたが、金融商品について質問してきた外国人は初めてでしたので、Eさんはすっかり戸惑ってしまいました。

　その台湾人の顧客は有名なグローバル企業の社員で信用もあり、投資するだけの貯蓄も十分にあり日本語も流暢でしたが、金融機関側の体制が整っていなかったためにニーズに応えることができませんでした。

　販売実績がなかなか伸びず悩んでいたEさんは、「これは良いビジネス・チャンスかもしれない。外国人だから…と販売を躊躇していたら商機を逃がすのではないか」と思うようになりました。

　そこで、取引実績が長く信用の高い外国人顧客に対して、商品の提案

ができないか、具体的な検討を始めることにしました。

早速リサーチをかねて、窓口にやってくる外国人に対して、金融商品に関する興味関心についてアンケートを取ってみることにしたEさんでしたが、日本人の感覚で「良い商品」と自信を持って勧められる商品が、外国人にとっては必ずしも良い評価を受けないことに気付き、驚いてしまいました。そして、「やはり外国人に対して商品を提案するのは難しいのだろうか」と考え込んでしまったのでした。

● CQコンサルタント®が考える問題点

日本や台湾など、東アジア文化圏の人達は一般に、長いスパンで物を考える傾向が強いと言われています。一方、フィリピンや北米などの文化圏では比較的短期的なスパンで物を考える傾向が強いとされています。

またイスラム圏では、コーランに利息を禁止する記載があることから、そもそも利息に対する考え方も日本と異なっています。

金融商品や保険商品の販売についても、それぞれの文化の特徴が日本と大きく異なっている場合がありますので、事前によくリサーチをしたうえで提案する必要があるでしょう。例えば、それぞれの言語に対応したアンケートを作成してニーズ調査を行ったり、ターゲットにした国の税制や法律を調査し、その国の人にとって日本だからこそ購入できるような商品を提案するのも1つの方法だと思います。

特に、日本で働く外国人は20～40歳代が中心で長くても5年以内に帰国するケースが多いと思いますので、短期間で利益が得られる商品や、帰国後も継続できるサービスへのニーズが高いのではないでしょうか。

(6) ロー・コンテクスト ⟷ ハイ・コンテクスト

Fさんのケース
・30歳代サラリーマン
・英語の勉強に取り組む
・異文化交流サークルに参加

●経緯と懸念事項

　Fさんは30歳代のサラリーマンです。最近になって、会社が社員の英語教育に力を入れ始めたこともあって、Fさんも一念発起して英語の勉強を始めることにしました。

　英会話スクールに通うことも考えましたが、残業が多くスケジュール調整が難しかったため、スカイプを利用して英会話を始めることにしたのでした。

　海外旅行は何度か経験があるものの、海外にはあまり縁がない生活をしてきたFさんでしたので、最初は慣れない英会話に四苦八苦していましたが、1年ほど続けているうちにだいぶ自信がついてきました。そこで、休日を利用して外国人が集まるサークルに参加して多くの国の友人を作ろうと思い立ちました。

　早速、日本人の知人の紹介で、異文化交流サークルに参加するようになったFさんは様々な国の人達と会うようになりました。そのサークルのメンバーの中に、中国やタイ、インドネシアなどアジア諸国から来ているグループがありました。彼らとFさんの年齢が比較的近かったこともあり、すっかり意気投合し日を改めて一緒に飲みに行くことになったのです。

　飲み会の席でのことです。アルコールの力もあって、Fさんはいつも

よりペラペラ話せる自分に有頂天になっていました。2時間ほどの宴席でしたが、それぞれの興味関心や趣味の話から始まって後半はアジアと日本文化の違いに関する話題となったため、Fさんは自分のサラリーマン経験を披露しながら日本文化の素晴らしさを力説しました。

そして、その飲み会の席では一番年長だったこともあり、アジア人のメンバー達に対して、「そういう態度は嫌われるよ」「これだからアジア人は問題なんだよ。○○と言えば日本人だって理解できるのに」など、善意から様々な助言をしてあげたのでした。

ところがその日を境に、Fさんは彼らから距離を置かれるようになってしまいました。挨拶は普通にするのですが、飲みに誘ってもその度に何かしら理由をつけてFさんの誘いに応じなくなったのです。「お金ないの？」と聞いてみても、苦笑いをするだけでハッキリ答えてもらえないときも珍しくありませんでした。

何度か同じような状況が繰り返されるうちに、だんだんグループと疎遠になっていったFさんは、とうとうサークルに参加するのをやめてしまいました。

● CQコンサルタント®が考える問題点

「場の空気を読み、対立を避けるために忖度したり曖昧な表現を好む日本人に対し、外国人は場の空気を読まず自分の意見をハッキリ言う傾向がある」という話を聞いたことがある人は多いと思います。

しかし、日本と同じように、文脈や空気を読む傾向がある文化の国は珍しくありません。

特に、インドネシアやタイ・韓国などのアジアの国々は、ハイ・コンテクストの文化を持つと言われています。オーストラリアやイギリス、カナダなど、いわゆるロー・コンテクストの国々であっても、相手の欠点を指摘するようなネガティブな内容の発言は避ける傾向にあると思います。

自分の意思をきちんと伝えることは大切ですが、相手の問題点や欠点について、「○○がダメだ」「直したほうがいい」などと指摘することとは別問題です。

　オランダやフランスなど、ネガティブなフィードバックに対して比較的許容度が高い文化もありますが、異文化交流サークルなど、様々な文化の人々が集う場所ではネガティブな表現は避けたほうが無難です。

　特に、英語は明確に伝わりやすい言語の1つだと思いますので、

May I ask 〜 ?（〜聞いても良いですか？）

Do you mind if 〜 ?（〜しても良いですか？）

I would like to 〜（私は〜したいと思います。）

などのような丁寧な言い方を心掛ける一方、

You should 〜（〜すべきだ。）

You have to 〜（〜しなければならない。）

などのような直接的な表現方法を控えるなど、配慮が必要でしょう。

第2章●カルチュラル・インテリジェンスの実際

(7) 身体的空間が近い ◄——► 身体的空間が遠い

Gさんのケース
・30歳代の女性
・金融機関の窓口案内係
・外国人への接客方法で悩む

●経緯と懸念事項

　Gさんは30歳代の女性で金融機関の窓口案内係を担当しています。もともと大学を卒業後ずっと金融機関で働いていましたが、夫の転勤と妊娠出産が重なったため一度退職し、数年前に再就職していたのでした。

　責任感が強いタイプで業務をしっかりこなし、コミュニケーション能力が高かったうえ、自身も対人業務が好きだったので、職場の評価も上々でした。日々忙しい中で、家庭との両立は大変でしたが、仕事に対して誇りややりがいを感じながら一生懸命働いていたのです。

　ところが最近になって入管法（出入国管理及び難民認定法）が変わり、外国人の顧客が少しずつ来店するようになってから、Gさんは戸惑いを感じることが多くなりました。

　もともと英語に対して苦手意識があり、海外旅行も新婚旅行しか経験がなかったので、外国人と接するだけで緊張してしまったからです。

　中でも、特に緊張したのはブラジル国籍の顧客でした。フレンドリーで明るい性格のその中年男性は、誰にでも親切丁寧な接客を心掛けるGさんをとても気に入り、しばしば訪れては長話をして帰っていくのでした。

　そのブラジル人男性は、ポルトガル語訛りのあるアクセントの他は日

55

本語に問題はなく、意思疎通に不便はありませんでしたが、とにかく話好きで長々と話していくので、パート勤務で退勤時間が早かったGさんにとって負担に感じることが少なくありませんでした。

ただ、その負担感は仕事の一環としてまだ割り切れるものだったのですが、問題はその中年男性が話をしながらしばしばGさんの肩に触ったり手を握るなど、身体的な接触が多かったことでした。

最初、Gさんは「こういう文化なのだろう」と割り切って考えるようにしていました。

実際、それ以上深い意味はなさそうで、単にフレンドリーなだけであるような印象を受けました。

悪気があるようには見えませんでしたし、Gさんだけでなく誰に対しても気軽な感じで肩をポンポンたたいたりしている様子を何度も目にしていたからです。

しかし何度も重なるうちに、だんだんGさんの違和感は大きくなっていきました。

そしてとうとう、「お客様だしセクシュアル・ハラスメントと騒ぎたくはないけど、どうしても違和感がある。どうしたら良いのだろう」「悪気はないお客様だけど、どうしても違和感がある。外国人の方の接客は難しい。どのような距離感で接したら良いだろうか」と深刻に悩むようになったのです。

● CQコンサルタント®が考える問題点

南米の国々の文化は、比較的、身体的空間が近い傾向があるとされています。また「男性らしさ」「女性らしさ」に対する意識いわゆるジェンダー意識も強く、特に男性は女性を"レディー"として扱う傾向が強いと言われています。

セクシュアル・ハラスメント問題への関心が強い国の1つとなった日本では、身体的空間に対して敏感になりつつありますが、国籍や文化に

よってパーソナル・スペースに対する感覚が異なるため、相手の文化によっては違和感やトラブルの原因になる可能性も否定できないでしょう。

　生理的な違和感には個人差があり、ガマンできる程度とできない程度は相手や状況によって異なると思いますので、上司等に相談して担当を変えてもらったり物理的に距離を取れるようカウンターや机の配置を工夫するなど、適宜対策を検討する必要があるでしょう。

(8) 沈黙に対する受け止め方
（沈黙を受け入れる ←——→ 沈黙を避ける）

Hさんのケース

・飲食店を経営する40歳代の男性
・スタッフの人材不足に悩む
・外国人をスタッフとして雇う

●経緯と懸念事項

　Hさんは、飲食店を経営する40歳代の男性です。少子高齢化問題や人件費高騰などのあおりを受け、しばらくスタッフの人材不足に悩んだ結果、思いきって外国人を雇うことに決めました。

　ところが、せっかく雇用した外国人スタッフの対応で、早くも悩むようになっていました。

　その外国人は、日本語が堪能な留学生で飲み込みも早いタイプだったのですが、店長の指示に対して疑問や異論があるとすぐに自分の意見を述べるところがありました。また、相手の話を最後まで聞かず、遮って自分の意見を言うことが多く、その性格の強さに閉口してしまうことも多かったのです。

　これまで、どちらかというと大人しいタイプの日本人スタッフを雇うことが多かったHさんは、あまりの違いに驚いてしまい外国人スタッフのマネジメントに強い不安を覚えるようになりました。

●CQコンサルタント®が考える問題点

　日本人は、どちらかというと相手から促されるまで自分の意見を言うことを控えたり、あるいはそのような態度を期待される、いわゆる"沈

黙を受け入れる文化"の国であると言われています。仲間内ではワイワイと我先に話す人であっても、公式の場や職場ではその場の空気を読み相手から促されるまで発言を控えることをよしとされる文化とも言えます。

　逆に、国によっては沈黙を避ける傾向が強い文化もあります。相手から促される前に自分から率先して意見を言ったり、話が途切れて沈黙になる前に自分の話を展開する文化の国も珍しくありません。そのような国の中には、会話の途中で割り込むことが普通のことであり、特にマナー違反とはされないところもあります。

　異文化に慣れていないと驚いてしまうかもしれませんが「そういうものだ」と受け止め相手の文化を理解したうえで日本のマナーを伝え合わせてもらう、あるいは「話終わりの合図を決め、合図を聞いてから自分の意見を言うこと」など一定のルールを決めておくなどの対応をしたほうが気持ちよく協働できるでしょう。

(9) 会話の流れ　割り込む（早い）　←――――　順に行う（中程度）
　　　――――→　止める（ゆっくり）

Iさんのケース
・カスタマーサービスに就く40歳代の女性
・職場に外国人スタッフ入社
・ミーティングがスムーズに進行しない

●経緯と懸念事項

　Iさんは、企業のカスタマーサービスに就く40歳代の女性です。最近、外国人の顧客が増えたこともあって、Iさんの職場にも外国人のスタッフが入ってくるようになりました。

　勤務経験が長かったこともあり、Iさんは彼らをまとめるリーダー役を任されるようになりました。彼らはそれぞれの母国語だけでなく日本語も話せたので、定期的に行われるスタッフ・ミーティングなどの際も日本語で進めることができたため、外国語が苦手なIさんでも問題はありませんでした。

　ところが、それぞれ国や文化が異なっていたため日本人だけのチームとは異なる対応が求められることが多く、Iさんにとってはそれが積み重なってストレスとなっていました。

　例えば、定期ミーティングの際などIさんが何か言おうと口を開こうとすると、メンバーが次々と疑問や意見をぶつけてきたり、会話の途中に割って入ってきたり、機関銃のように話し続けたりするので、伝えたいことの半分も伝えられないことが多かったのです。

　もともとIさんは、自分の意見や考えを伝えることはあまり得意ではありませんでした。何か言うときは事前によく考えて言葉を選びながら

話すタイプだったのです。そのため、ミーティングの際は必ずノートに伝えるべきことをまとめておいたのですが、部下が日本人だけだったときは、メンバーがＩさんのペースや性格を忖度して控えめな意見にとどめていたり、議論の矢面に立つのを避けるため遠慮がちな態度でミーティングに臨んでいたので、特に困ることはありませんでした。

　ところが外国人の部下達は、各自が次々と質問や意見を投げてきたり議論をとんでもない方向に広げていくことも多かったので、Ｉさんはすっかり困ってしまっていたのでした。

　しかし、業務上必要不可欠なことは伝えなくてはならなかったので、Ｉさんは何とか必死で自分の考えを伝えるよう努力を続けました。そのため、ミーティング中はいつも大声で「ちょっと待って、私からも発言させて」と繰り返すことになってしまい、終わる頃にはすっかりヘトヘトになっていたのでした。

● CQコンサルタント®が考える問題点

　日本は他の文化圏と比べ、比較的沈黙が多く会話スピードもゆっくりする傾向があると言われています。また、相手が話し終わるのを待ってから会話を進めることがマナーとして共有されています。

　ところが、会話の流れにも文化の特徴や違いが現れます。前述のとおり、国によっては会話の途中で割り込むことが普通のことでありマナー違反ではない、とされている文化圏もあります。

　マナー違反か否かの判断については文化によって異なるため、その人の人間性を否定することは論外ですが、日本で働く以上、彼らに日本のマナーを理解してもらうことも必要となるでしょう。話す順番を決めるなど、リーダーが進めやすい方法で統一するか、好きな人が好きなだけ話す時間帯と、リーダーが自分のペースで話す時間帯を分けるなど、一定のルールを決めて進めると良いでしょう。

(10) 対立スタイル（直接的 ⟷ 間接的）

Jさんのケース

・ホテルで働く 30 歳代の女性
・「この仕事は天職」と自分で言うほど接客業務が好き
・外国人スタッフの態度に戸惑いと驚きを感じる

●経緯と懸念事項

　Jさんは、ホテルで働く30歳代の女性です。コミュニケーション能力も高く、「この仕事は天職」と自分で言うほど接客業務が好きだったため、一生懸命仕事に取り組んでいました。

　そんなあるとき、増え続ける外国人観光客に対応しようと、Jさんが働くホテルでも外国人従業員を大勢採用することになったのです。Jさんの職場にも入社時研修を終えた数人の外国人スタッフが配属されましたが、彼らは、母国語はもちろん日本語も話せたうえ、本国でもホテル業務の経験があったので、Jさんも大いに期待していました。

　その外国人スタッフの中にロシア人の女性がいました。彼女はプロ意識が高く仕事にも前向きで、ホテルの改善点や問題点を歯に衣着せぬ勢いで指摘する傾向があったのです。

　その指摘はどれも間違っておらず、筋が通った内容ばかりでしたが、「新人は疑問を感じても口をつぐんで先輩や上司に従うもの」という文化に慣れ親しんできた日本人スタッフにとっては戸惑いと驚きを感じるものでした。

　Jさんは、「日本に来たばかりだから日本の文化が馴染んでいないのだろう」と好意的に受け止めていましたが、日本人スタッフやアジア人

スタッフの中にはそのロシア人女性スタッフを避けたり陰口を言う者まで現れました。やがて従業員どうしもギクシャクしはじめるなど、職場の雰囲気も悪くなってしまいました。

仕事が好きで、現在のホテルで長く働きたいと考えていたJさんは、ギスギスし始めた職場の状況にすっかり悩んでしまいました。

● CQ コンサルタント®が考える問題点

一般に、日本人は「和」を尊び、対立を避ける傾向があると言われています。特に、「新人のうちは自分の意見は控えめにして、先輩や上司に従うもの」というような文化は、アジアで広く見られる傾向があります。しかし、直接的な対立について抵抗感が低い文化も珍しくなく、文化的背景の違いがコミュニケーション悪化の原因になることがあります。

Jさんの職場の例はその典型例の1つかもしれません。

異なる文化圏から来た人達が混在する職場では、お互いの理解が不十分なままであると溝だけが深まってしまう可能性があります。そうすると業績にも悪影響を及ぼしますので、人事部門主導で早めに相互理解の場を設けたり、異文化理解に関する研修を行うなどして、職場トラブルを防止する必要があるでしょう。

(11) 計画スタイル（動く前に検討する ←→ 検討する前に動く）

> **Kさんのケース**
> ・グローバル企業に転職した30歳代の男性
> ・英語はある程度は話せる
> ・上司が英国系アメリカ人

●経緯と懸念事項

Kさんは東京のグローバル企業に転職してきたばかりの、30歳代の日本人男性です。英語はそれなりに勉強をしていたため不自由なく話すことができましたが、外国の人達と働くのは初めてだったため、アメリカ人の上司との関係で戸惑うことが多くなりました。

ある新規のプロジェクトを任されたときのことです。そのプロジェクトは、Kさんが所属するグローバル企業の日本支社にとっても、またKさん自身にとっても、未経験かつ重要な案件でした。そのためKさんはいつも以上に綿密な計画を立て、「絶対に失敗はできない」とリサーチにも時間をかけていました。

ところが、アメリカ人の上司は、リサーチに長い時間をかけるばかりで、すぐに動き出さないKさんに対して、「なぜすぐに動き出さないのか」と繰り返し言い、時には強い調子で尋ねてきました。

Kさんは、そのアメリカ人の上司に対し、日本では初めての取組みであり比較の対象となる前例がないため、事前の入念なリサーチが必要不可欠であることを、具体例を挙げて説明しましたが、十分に理解してもらえなかったばかりか「Kは仕事が遅い。行動力が足らない」と評価さ

れてしまい、すっかり落ち込んでしまいました。

そして、「自分の英語力にも問題があるのかもしれないが、アメリカ人の上司は日本の状況をなかなか理解してくれない。会社の損失を避ける意味でも、自分のやり方のほうが正しいのに、このままでは自分の評価は下がる一方だ。彼らに理解してもらうにはどうしたらいいのだろう」と、すっかり悩んでしまったのでした。

● CQコンサルタント®が考える問題点

日本は一般に、何か新しいことを始める際、事前に十分検討してから動き出す傾向が強い文化であると言われています。それに対しアメリカ人は日本人ほど事前検討に時間をかけず、まず先に動いてみて、問題が生じたときに動きながら方向修正していく傾向が強い文化である、と言われています。

アメリカの人達と一緒に仕事をしていてトラブルが生じると、英語に自信がない日本人ほどつい自分の英語力に原因があると考えてしまったり、相手や自分の業務能力や性格の問題にしてしまう場合がありますが、新しい仕事への取組み方やアプローチの方向性が、そもそも日本とアメリカは正反対の文化とされているのです。

Kさんのケースのように、職場において人間関係の衝突やトラブルが生じた際は、両者の文化の違いを相手にきちんと説明し、問題が発生した時の対処法や責任割合等について話し合ってから、双方に歩み寄って落としどころを決めるなど、解決の糸口を探すほうが建設的であると言えるでしょう。

(12) 礼儀・儀礼・形式（略式 ←——→ 儀礼的）

Lさんのケース

・日本人の母とカナダ人の父を持つ
・カナダで生まれ育ち大学卒業後、「母親の母国で働きたい」と来日
・日本の企業で働くことが決まる

●経緯と懸念事項

　Lさんは、カナダで生まれ育ち、大学を卒業するまでカナダで生活をしていましたが、最近になって「いつか母親の母国で仕事がしたい」という希望が叶い、やっと日本で働くことが決まりました。

　知人の紹介で、日本企業の通訳の職を得ることになったLさんは、入社早々、上司と得意先企業へ挨拶を兼ねて食事に行くことになりました。

　レストランに着いたLさん達は早速、先方の担当者と名刺交換をすることになりました。ところが、「名刺交換とは情報が書かれたカードを交換すること」というカナダの文化に親しんできたLさんは、先方の名刺を受け取ってすぐ、むき出しのまま無造作に、スーツのポケットに入れてしまったのでした。

　外国人の雇い入れに慣れていなかったLさんの上司も、顧客先企業の担当者も、Lさんの行動に目をまるくしてしまいました。居合わせた者はみな「外国人だから仕方ない」と割り切って、その場は流したものの、会話の途中で受け取った名刺に覚え書き代わりに追加情報を書き込んでいくLさんの姿を見て、すっかり驚いてしまいました。

　結局、その日の食事会はギクシャクした雰囲気のまま終わりました。Lさんは、「せっかく打ち解ける機会なのに、なぜみな張り付いた笑顔

をしているのだろう。何かまずいことでも言ってしまったんだろうか」と思い、何度か「何か失礼をしましたでしょうか」と尋ねてみたものの、明確な返事は得られませんでした。

Lさんは、「日本はあまり本音を言わない文化だと日本人の母から聞いていたけど、想像以上なのかもしれない。どうしたら彼らと本音で付き合うことができるんだろう。これからビジネスでお付き合いしていく相手なのに、なんで言ってくれないのだろう」と残念に思いました。

一方、Lさんの上司も「日本人の母を持つと聞いていたから大丈夫だと安心していたが、日本の礼儀作法を知らない者を顧客の前に連れていったのは失敗だった。急いで教育しなければならないが、どこからどうやって始めたら良いのか」と頭を抱えてしまったのでした。

● CQコンサルタント®が考える問題点

最近はかなり状況が変わってきたとはいえ、日本はまだまだ礼儀や形式を重んじる傾向が強い国の1つだと思います。一方、オーストラリアやカナダ、アメリカなどの西欧諸国は、礼儀作法については略式の傾向が強いと言われています。

どちらの文化にも長所と短所があり一長一短ですが、顧客サービス業務や営業職はその国の文化や基本的なマナーを理解していることが必要不可欠ですので、外国人従業員に顧客対応業務などを任せる場合は、最低限必要なマナーや言葉を一通り書き出し、覚えてもらう必要があるでしょう。

3 CQの可能性

(1) CQは今後ますます必要とされる

　グローバルな活動が一般的となった昨今のビジネス分野においては、カルチュラル・インテリジェンスは必要不可欠な能力と言われるようになりました。日本においても多くの外国人が観光で訪れるようになった現在、多様な文化に対する理解やセンスは売上に影響する重要な能力の1つになったと言えると思います。

　例えば、営業志望の学生を対象とした研究[※1]では、営業を再現したロールプレイおよび営業行動の点において、カルチュラル・インテリジェンスが高い学生のほうが、成績が良かったそうです。

　296人のレストラン従業員を対象とした研究でも、文化が異なる顧客への対応に関する積極性と、カルチュラル・インテリジェンスは関連があるという結果が出ているそうですし[※2]、他文化への関心や意欲が高いコールセンターのスタッフは、そうでないスタッフと比べ業務パフォーマンスも高かったという研究[※3]もあります。

　さらに、アメリカのミシシッピ・エリアに勤務する教師を対象とした研究[※4]でも業績とカルチュラル・インテリジェンスとの間では明らかな関連性があったとのことです。また、カルチュラル・インテリジェンスと業務パフォーマンスとの間を調整するのが異文化適応（能力）であり、カルチュラル・インテリジェンスと異文化適応や異文化適応能力との間を調整するのがサポートの有無や経験である、とした研究[※5]もあります。

　カルチュラル・インテリジェンスは外向的・開放的な性格との関連が高いとされていますが、中でもコールセンターで働く人を対象とした研究[※6]においても、いわゆる対面のサービスではなく顔が見えない業務にお

いても業務パフォーマンスとの関連が示され、カルチュラル・インテリジェンス教育の重要性が強調されています。

今後、ＡＩにより従来の仕事が減っていくことが予測されている中で、「創造性が必要とされる仕事は残っていくだろう」とよく言われるようになりましたが、カルチュラル・インテリジェンスはそのような創造性が要求される仕事においても役に立つ能力である、とする研究も増えてきています。例えば、394人のフルタイム労働者を対象とした研究では、カルチュラル・インテリジェンスの高さと創造性は正の関係にあり、好奇心が強いほどこの傾向があったとされています[7]。

特に、個々人の多文化主義と革新的な仕事方法との関連性を示唆した研究[8]や、海外勤務に対する意欲が高い者ほど仕事への順応性が高いとした研究[9]などにおいても、カルチュラル・インテリジェンスと創造性との関連が示唆されています。

(2) CQコンサルティング®の考え方
①「できない」と言うか「検討する」と言うか

日本では、農業や製造業だけでなくサービス業などの分野においても外国人労働者が急増している昨今ですが、今後は人材不足を背景に介護や他の業界でも増えていくことが予想されています。

そこで今後、増えていくのが外国人を対象としたサービスや商品ではないでしょうか。ＡＩで代替可能なサービスも多いかもしれませんが、ＡＩのプログラムを作るためには文化ごとの常識や共通認識を理解しておく必要があると思います。

多くの国には法律等の明確なルールとは別に、目に見えにくいその国特有のコード、つまり暗黙のルールがあるとされています。ビジネス・コミュニケーションを例に考えてみましょう。日本のビジネス慣習では顧客からどんなに厳しい要求を突きつけられても、はっきりと「できない」と言わない場合が多いと思います。「できない」とはっきり言うの

は失礼である、あるいはヤル気がない、という印象を相手に与えてしまうため、「できない」と言う代わりに「検討します」と言うのです。そして、その言葉を聞いた相手側はその言葉のニュアンスから「ああ、難しいのだな」と察するのです。これが日本特有のコード（暗黙ルール）です。

対して、オランダやアメリカ合衆国などのように、できないことははっきり「できない」と分かりやすく伝える文化も多く存在します。そのため、これらの国々の人々とビジネスをすると、お互いに戸惑いを感じたり、不協和音が生じたり、場合によっては誤解が生じてしまうこともあるのです。

どんな業界であっても、またどのような商売であっても顧客のニーズに応えていくことが商売の基本と言えますので、異文化の人達を相手に商売をするときは特に、相手の常識感覚を理解し多様なニーズに応えるためにも、CQの考え方を学び文化に対するメタ認知能力（自分自身を客観的に認知する能力）を磨く必要があるのです。

② CQは適応力を向上させる

様々な領域において時代の変化がますます加速している現在、従来の

考え方にとらわれていては時代についていけないどころか、収入減や失業のリスクも高くなります。

CQの概念を学び、自分が生まれ育った国や文化の常識を俯瞰できる視点を身に付けることは、時代と共に変化を続ける常識や感覚への柔軟性を身に付けることにつながるでしょう。

特に、慣れ親しんだものに固執することなく、時代への適応力を身に付けるという意味でも、CQを学ぶことはとても有意義であると言えるのです。

③今後求められるキャリア分野のCQコンサルティング®

日本のキャリア・コンサルティング分野は、主に日本で生活する日本人が、日本の企業で働きながらキャリアを積んでいくことを前提にしているケースが多いと思います。

しかし、グローバル化が進む現在、企業においても多様な価値観が必要になりますし、多様な価値観に基づいた多様なキャリアを築いていくケースが、今後ますます増えていくでしょう。

筆者は、グローバル化に適応できる人材とは単に外国語を習得した人材のことではなく、様々な文化の人に対して柔軟にアプローチを変えることができる人材のことを言うのではないかと考えています。キャリア開発支援が必要とされる対象者も、長期滞在する外国人労働者が増えていくことが予想される中で、従来のように日本人だけでなく、いろいろな国籍の労働者に広がっていくことが予想されます。

グローバル化の波の中で、様々な文化に対するメタ認知能力を身に付けたキャリア・コンサルタントによるキャリア開発支援が今後ますます必要とされていくと思いますし、またそのような視点からキャリア・コンサルタントの育成が要請されていくのではないかと考えています。

④カテゴライズの危険性

　日本の企業等において、ダイバーシティ施策（多様な人材の能力を最大限発揮させること）が叫ばれるようになって久しいですが、障がい者や高齢者、LGBTQ（レズビアン、ゲイ、バイセクシュアル、トランスジェンダー、クエスチョニング／クィア）、マイノリティなどに対する差別をなくそうとする活動は一定の効果があるものの、ベースとなっている枠組みが日本の文化的視点から抜け切れておらず、様々なところで偏見が残っているのが現状だと思います。

　「**この世界には多様な価値観があり、自分の価値基準が絶対ではない**」という点について頭では理解していても、実際に自分のどの部分の価値基準がどのくらい偏っているのか相対化ができていなければ、無意識に偏見を抱いたまま差別をしてしまう可能性も否定できないからです。

　一例を挙げましょう。異なる国の人や文化と出逢ったとき、その特徴をカテゴライズして理解しようとする人は少なくないと思います。「彼女はヒジャブをつけたイスラム女性だから奥ゆかしいタイプに違いない」「彼は高学歴のアジア人だから、きっと真面目で働き者だろう」などのように、過去の経験や知識から相手の特徴をカテゴライズして理解しようとするのです。

　しかし、人によってはこのようなカテゴリー化が、無意識のうちに差別的な考えにつながる可能性も否定できません。「南国から来た人は、おおらかな性格に違いない。けれど、きっと時間感覚も緩くてルーズな性格に違いない」などの偏見がその一例です。

　逆のパターンもあります。外国の人が日本人に対して抱くイメージとして「仕事が趣味で、過労死するまで働く」「真面目で融通が利かない」「みんなアニメが大好き」「女性は大人しく従順」「毎日寿司ばかり食べている」「英語が下手」「必ず空手か柔道などの柔術がつかえる」などのようなものがあると思いますが、笑い話で済むような偏見ならまだしも、外国人の上司から「日本人はいつも曖昧な返事しかせず本音を隠すから、

大事なプロジェクトには参加させない」「日本人は時間に正確で言われたことはきちんとこなすけど、柔軟性がないから新しい仕事は任せない」などと言われたらどう感じるでしょうか。「日本人だって個人差がある。なぜ私自身を理解してくれようとしないのだろう」と怒りを感じたり、落胆するのではないでしょうか。

　カテゴライズは、相手の特徴を素早く理解する際に有効な場合もありますが、信頼関係や相互理解の障壁になる場合も多いと思います。障壁だけならまだ良いほうで、ひどいケースではハラスメント問題に発展することもあるかもしれません。このような問題を防ぐためにも、私達一人ひとりが無意識に行うカテゴライズ化や偏見を自覚して、コントロールする必要があるのです。

　CQを学び能力を高めることで、自分が所属する文化の相対化ができるようになれば、ダイバーシティ対策にも有益であると考えています。

⑤すぐに本題に入る西洋人と関係づくりに勤しむ日本人

　ハラスメントの原因の1つに、ジェネレーション・ギャップや異なる文化の摩擦があります。「自分の常識こそ正しく相手が間違っている」という考えがベースにあり、そこに力関係の不均衡が重なってハラスメント問題が起こるのです。

　「常識は相対的なものである」という理解があれば、一方的に自分の常識を押し付け相手の常識を否定することもなくなるでしょう。そのためにCQの概念を学んでメタ認知能力を養うことは、ハラスメント防止対策にも有効であると考えます。

　例えば、最近は若い世代を中心にビジネスはビジネス、プライベートはプライベートと分ける日本人が増えてきました。職場ではしっかり仕事をするものの、同僚や上司と飲みに行くのは遠慮したい、と考える人が増えてきたのです。

　良い・悪いは別として、もともと日本人はビジネスを始めるにあたり、

まず関係づくりを優先する傾向があります。初対面の者どうしがすぐに契約書を交わし、本題に入る英国系の人達に対し、日本人はまず一緒に食事をしたり会話をするなどして関係を作り、お互い打ち解けてからビジネスの本題に入る傾向が強いと言われているのです。

このような傾向は日本人だけでなく、台湾や中国、韓国などのアジア人やラテン人なども最初に関係づくりを優先する、と言われています。そのため、英国系の企業とビジネスを始めるとき、一秒も無駄にせず本題に入ろうとするアメリカ人と、雑談や食事をしながらお互いに理解を深めようとする日本人ビジネスマンとの間で不協和音が生じたり、フラストレーションを感じるケースも珍しくないようです。

しかし、上述のとおり、最近は日本の文化も変化してきており、日本人どうしであっても文化摩擦が生じやすくなっていることが考えられます。もし、立場が強いほうが一方的に自分の常識を押し付ければハラスメント問題に発展するリスクもあるのです。

そのような意味でも、相手の文化に対する理解を深め、自分が身に付けてきた文化や価値基準を相対化し、自分の言動を調整する能力――いわゆるカルチュラル・インテリジェンスは、ハラスメント防止にも有効

な能力であると考えています。

　なお、企業のハラスメント問題と言えば、日本人どうしの摩擦が前提だった従来と異なり、今後は日本人と外国人、あるいは外国人どうしのハラスメント問題も増えていくでしょう。CQの概念やCQコンサルティング®の手法は、そのような時代の要請にも非常に役立つものであると考えています。

⑥カウンセリングの場でこそ活きるCQ

　入管法の改正により、今後ますます外国人労働者が増えていくことが予想されています。仕事に関する悩みや家族関係、子どもの教育その他様々な相談が増えていけば、外国人の相談に対応できるカウンセラーへのニーズも増えることになります。外国人を雇う経営者側からの人事労務相談もきっと増えていくに違いありません。

　しかしながら、日本で一般的となっているカウンセリング技法はもともと西洋で生まれ、日本の文化の影響を受けながら発展したものです。アジア諸国やアフリカ諸国、南米など、他の多くの文化や視点は十分に取り入れられておらず多様な文化に対応できるほど万能ではありません。

　特に筆者がカウンセリングをするときに気を付けていることがあります。時間に対する考え方がその一例です。

　クライエントが約束の時間に遅れてきたとき、「何か心理的な抵抗があったのだろうか」と考えるカウンセラーは少なくないと思いますが、これは時間間隔が直線的な文化圏の人々の感覚です。世界には約束の時間に遅れることに対して何の意味も持たない文化圏の人も多く存在するのです。

　困っている人を援助するために実施されるカウンセリング・サービスが、特定の文化のみの偏った視点で提供されるのであれば、ますますグローバル化する世界において十分に機能しなくなるのは自明の理です

(カウンセリングの場においては、"あるがままその人を受け入れる"という考え方がベースにあるため、遅刻もそのまま受け入れます。ただし、終了の時間はきちんと守り、遅れてきたからといって時間を延長することは基本的にありません)。

筆者は、CQの概念やCQコンサルティング®の手法は、カウンセリングなど心理的な援助の場でこそ必要不可欠になっていくと考えています。

⑦創造性とCQ

カルチュラル・インテリジェンスを養うためには異質な文化や新しい価値観に対する開放性や順応性が必要であると同時に、自分の思考の枠組みに対するメタ認知能力も必要とされているため、CQが高い人は時代の変化に強い傾向があると言われています。

また、様々な国の文化を理解して受け入れていくためには、それなりの語学力も必要です。一定の語学力があれば、他国の優れた知識や技術をタイムラグなく取り入れ、自分のものにしていくときにも、大きな力を発揮することでしょう。他国の優れた知識や技術を吸収する力は、自国にないサービスや技術を生み出すことにつながります。

そのような意味でも、CQの概念を学びその能力を高めていくことは、創造力や創造的な活動につながると筆者は考えています。

※1 Delpechitre Duleep 氏, Baker David S 氏による論文「Cross-cultural selling: Examining the importance of cultural intelligence in sales education」(2017) より
※2 Lorenz Melanie P 氏, Ramsey Jase R 氏ほかによる論文「Service excellence in the light of cultural diversity: The impact of metacognitive cultural intelligence」(2017) より
※3 Presbitero Alfred 氏による論文「It's not all about language ability: Motivational cultural intelligence matters in call center performance」(2017)

より
※4　Hallmon Lakeysha Yvette 氏による論文「Exploring the relationship between cultural intelligence and teacher burnout in the Mississippi Delta（2016）より
※5　Jyoti Jeevan 氏らによる論文「Factors affecting cultural intelligence and its impact on job performance: Role of cross-cultural adjustment, experience and perceived　social support」（2017）より
※6　Presbitero　Alfred 氏による論文「Cultural intelligence（CQ）in virtual, cross-cultural interactions: Generalizability of measure and links to personality dimensions and task performance（2016）より
※7　Yunlu Dilek G 氏, Clapp-Smith Rachel 氏, Shaffer Margaret Michel F 氏による論文「Understanding the role of cultural intelligence in individual creativity」（2017）より
※8　Korzilius, Hubert 氏らによる論文「Multiculturalism and innovative work behavior:The mediating role of cultural intelligence」（2017）より
※9　Presbitero, Alfred 氏らによる論文「Expatriate career intentions: Links to career Adaptability and cultural intelligence」（2017）より

第3章

カルチュラル・
インテリジェンスの
向上策

1 外国人とうまく付き合うコツ

　ここでは、カルチュラル・インテリジェンスの視点を踏まえた異文化対応の留意点やヒントについて、状況や場面ごとに考えていきたいと思います。

（1）初対面の人への対応
　日本に限らず挨拶は人間関係の基本と言えますが、作法は国や文化によって異なりますので、相手の振る舞いを観察しながら合わせるようにしたほうが良いでしょう。女性の場合と男性の場合で、挨拶の方法が異なる国や文化もありますので、相手と性別が異なる場合は特に気を付けます。

　自己紹介の際の会話も、国や文化によって話題にするテーマや内容が異なると思います。「まずは仕事の内容やその人の社会的な地位について説明する文化」「家族や趣味など個人的な内容について積極的に話す文化」「天気やニュースなどのような内容から入る文化」など、いろいろです。国や文化によっては、いきなり話題にすると失礼になる内容もありますので、相手に合わせて話すテーマを選ぶようにします。

　また、日本では相手の顔を見ながら会話をするのが基本的なマナーとされていますが、国や文化によってはアイコンタクトの強さが異なってくる場合がありますので、相手のアイコンタクトや視線にも留意します。ただし、目を見ながら会話をしたほうが、相手の感情の変化を敏感に察知できると思いますので、相手の表情を見ながら話題を選んだほうが失敗は少ないと思います。

　はにかんだ様子なのか、少し警戒しているのか、自信なさげなのか、

不安そうなのか、どのような声かけに目を輝かせ、どのような言葉に目を曇らせるか…感情の動きが表情に現れやすいのは、日本人であろうと、外国人であろうと、それほど変わりないでしょう。

むしろ、相手が外国人のときこそ、積極的に空気を読み感情を読んで、相手の感情や興味関心を理解するよう努めることが異文化対応の出発点になると考えます。空気を読むのが得意な日本人の強みを、こういうときこそぜひ発揮してみましょう。

(2) 日常会話のバリエーションを増やす

自己紹介の際に仕事やポジションに関する内容が多くなりがちな日本人に対して、家族や日常生活に関する内容が多くなる文化、天気や時事に関する話題が多くなりがちな文化など、国や文化によってその傾向も様々であると言えます。

日常の会話においても、もちろん個人差はあるものの、仕事の話題が中心になりがちな文化、家族や日常生活に関する話題が多い文化など様々であると言えます。

ただし、前述のとおり、日本人は仕事に関する話題が多くなる傾向があると思いますので、文化が異なる相手によっては飽きられてしまったり、呆れられてしまったり、「話題がない」とネガティブな評価を受けてしまう場合もあるかもしれません。相手の文化や興味関心に合わせて会話の内容を柔軟に変えることは、たとえ相手が外国人でなくても円滑な人間関係を築くために必要なスキルの1つです。

そのためにも、家族観や宗教観、伝統や芸術その他、異なる国や文化について学ぶ機会を少しでも増やし、会話のバリエーションを多くしていくことが大切となります。

(3) 関係づくり

時代の目まぐるしい変化の中で、学術の分野やビジネスの世界などを

中心にグローバル化が加速していますが、家族関係や人間関係の在り方など社会や文化のベースの部分が変わるには時間が必要であり、世代が変わってもそれぞれの文化の伝統は長く残る傾向にあります。

アジア文化圏の「目上の人を尊重する文化」などもその一例でしょう。このような文化の特徴は、日本や韓国など儒教文化が根強く残る国ほど強くなっています。

もともと日本は儒教文化の影響が強いこともあり、「目上の人を立てる文化」と言われています。最近はかなりその傾向が薄れてきているとはいえ、親への感謝を強調したり、夫婦関係より親子関係を優先しがちな文化はまだまだ残っていると言えるでしょう。その良い例が日本語の中にも多数残っています。敬語すなわち尊敬語、謙譲語などはまさにそうで、英語などの外国語では表現しにくい言葉となっています。

日本のコンビニで働く外国人など、基本的な会話は流ちょうに話せる外国人も多くなりましたが、尊敬語や謙譲語などを正しく使える人は、まだそれほど多くないと思います（日本人でも尊敬語や謙譲語を正しく使えない人が増えてきていると言われていますが…）。なぜなら、その場に応じた適切な言葉を選ぶためには、どのようなときに、どのような相手を立てるべきか判断が必要になるからです。

このような判断は、長い生活の中で経験を重ねてきているからこそ、あるいは折に触れて親や教師・上司などから教わってきたからこそ可能であって、一朝一夕で身に付くスキルではありません。ところが、残念ながら多くの文化に接した経験が少ない日本人ほど、外国人スタッフの言葉遣いに違和感を抱いてしまいがちです。中には、一生懸命頑張っている外国人に対して「言葉遣いが悪い」と理不尽なクレームに発展する場合もあるほどです。

多くの日本人は、このスキルを子どもの頃からごく自然に身に付けてきており、日本固有の文化に基づく行動様式についてもあまり意識せずに過ごしてきたため、それほど難しく感じないかもしれませんが、その

場に応じて判断しながら言葉を選ぶことは、実はかなり難しく来日して日の浅い外国人店員にそれを望むのは酷とも言えます。

　また日本人は、ソトとウチをはっきり分ける傾向がある、と言われています。同じ集団に属さない相手に対してよそよそしい態度をとる一方、一度同じ会社や学校の仲間になると疑似家族のような関係を求める傾向があるのです。既存のメンバーが、外から新しく入って来たメンバーに対して「ヨソ者が来た」などと言う場合など、その典型例だと思います。

　もちろん、ウチとソトの線引きがある文化は日本に限らず、例えば中国のように一族とその他の人を分けるなどウチとソトの枠組みそのものが日本と異なる場合もあります。

　アフリカのガーナなど部族の種類が無数にあるような国においては、企業や組織で他の部族の出身者を採用することが非常に稀で、そもそもソトの人間が同じ集団に入るケースが極端に少ない文化もあるそうです。

　逆に北米やカナダ、オーストラリアなど多数の移民を受け入れてきた国々では、異質な者に対しても比較的オープンマインドで、日本人のようにウチとソトを厳格に分けることはしません。

　このように、人間関係や社会の在り方も、それぞれの国にはそれぞれ

独自の文化があり、長い歴史の中で、人々の間で共有されてきた文化であるほど心の奥に深く根付いています。そしてまた、その根付いた文化がよりベーシックなものであるほど、その国の人々にとっては無自覚になりがちです。

　そのため、他国の人々との協働や人間関係づくりが強く求められる現代のグローバル社会においては、外国文化に対する知識や柔軟性を身に付けるとともに、我々自身の独自性や文化的特徴を理解し客観視したうえで、異文化の人々との関係を築いていく必要があるのです。

（4）外国人部下へのマネジメント

　外国から日本に仕事を求めてやってくる人が増えつつある昨今ですが、日本で働く以上、外国人労働者が日本の法律に従うのは当然としても、現場のマネジメント法については日本独自のスタイルを固持するより、それぞれの個性に合わせて柔軟に変えていくほうが業務パフォーマンスの向上につながるでしょう。

　日本のマネジメントの特徴として、「年功序列の傾向が強く上下関係にこだわり、目上の人を立てる」「優秀な成果を上げた人を評価する抜擢人事ではなく、ミスをした人をふるい落とす減点主義である」「個人の利益より組織の利益を優先する」「団結力やチームワーク、協調性を大事にする」「ルールを重んじる」「稟議を重視し意思決定に時間がかかる」などが挙げられます。

　ただ、これらの特徴は長所にもなり得ますが、ますますグローバル化している昨今ではむしろ短所として業務パフォーマンスの足を引っ張るケースが多くなっているのではないでしょうか。

　有能で秀でた人を活かしきれず「出る杭を叩く」、社歴が短い人を能力だけで抜擢できず「直接関係のない部署で修行させる」、終業時間で担当業務が片付いても同僚や上司の仕事を手伝うことを期待され「業務パフォーマンスが高い人ほど損をする」、仕事とプライベートの線引き

が曖昧で「休日にもかかわらず個人の携帯に連絡を入れてくる」などのような例は、外国人に限らず日本人であっても、モチベーションを下げることはあっても、業務パフォーマンスの向上にはつながりにくいのではないかと思います。

このような日本流マネジメントの負の部分は、外国人労働者にとっては特に受け入れがたい面の1つとなります。外国人のみならず日本人の若手にとっても受け入れがたい悪しき伝統と言えるかもしれません。

外国人の部下を持つ日本人のマネージャーが、指導や指示がスムーズにいかないときすぐ相手の文化を否定したり日本のやり方を押し付ける場合がありますが、日本流のマネジメントは外国人のみならず、日本人の若い人達にも受け入れがたくなっていることを念頭に置く必要があるでしょう。

外国から来た人達が日本で働く以上、日本のマナーや常識を学び日本の文化に合わせることも必要かもしれませんが、海外に出て働いた経験がない日本人マネージャーより、異国で働いてきた彼らのほうがグローバル・スタンダードなマネジメント・スタイルをよく理解しているかもしれません。

何より、彼らに気持ちよく働いてもらうことが業務パフォーマンス向上につながります。そのためにも、日本人マネージャーは自分の経験やマネジメント・スタイルを絶対視せず日本流のマネジメント・スタイルを客観的な視点でとらえ直し、強みと弱みを理解したうえで部下に合わせて柔軟に変えていくことが必要です。

なお、サービス業に就く外国人労働者へのマネジメントについてですが、基本的な接客マナーや常識は教える必要はあるものの、「郷に入れば郷に従え」精神とばかりに日本の常識や立ち居振る舞いについて完璧さを要求しても、本人のストレスが大きくなるばかりか、にわか仕込みのコピーとなって不自然に見える場合がありますので、バランス感覚を大事にしたほうが良いでしょう。

特に、日本人客の中には残念ながら外国人スタッフに対してまるで目の敵のように完璧なサービスを要求し、理不尽な文句をぶつけてくる人もいます。そのようなクレーム客から守ることもマネージャーの大切な仕事の1つです。

(5)「他人どうし、分かり合えなくて当たり前」という考え方
　シンガポールは、様々な人種が集まり共存している場所として有名な国の1つで、日本と比べてダイバーシティ意識も高い傾向にあると言われています。筆者の経験や交友関係の範囲でも差別に該当するような表現を使わないよう注意を払いますし、シンガポールがアジア圏ということもあるかもしれませんが、有色人種であることを理由に差別された経験もありません。

　また、他人に不快感を与えることのないよう最低限のマナーは守ろう、という意識も日本より高い印象があります。例えば、チューインガムが違法であったり（所持自体が禁止）、トイレ使用後の流し忘れやドリアンの車内持ち込みに対して罰金が科せられるのも、その一例かもしれません。

　さらに、地下鉄などの公共交通機関を利用する場合も、シンガポールでは朝夕のラッシュ時間にどれほど混雑していても、東京のように他人から突き飛ばされることはまずありません。

　これはシンガポールだけでなく、ロンドンやパリ、香港など他の都市でも同様の経験をしていますが、目の前で歩いている人に半分気づいていながら酷くぶつかってくる人が多いのは、筆者の知る限り東京や大阪など日本の大都市だけのような印象を受けています。何が何でも電車に乗り込もうとカバンや肘で他人を強く押し付ける人も、シンガポールやロンドン、パリ、香港などでは経験したことがありません。

　経済活動が加速し、人々が多忙になり余裕がなくなっているのはどの都市も同じだと思いますが、「見ず知らずの相手をきちんと"人間"と

第3章●カルチュラル・インテリジェンスの向上策

して認識し、最低限のマナーを守る」という意識が、一部の日本人には足りないのではないかと思えて仕方がないのです。

　混雑した車内で高齢者や障がい者を見ると、率先して席を譲る人も多いシンガポールですが、一方で相性がまったく合わない相手には必要以上に深く関与しない傾向もあるような気がします。考え方も嗜好も宗教もまったく異なる相手に対して、無理に合わせるようなこともせず、逆に否定もせず、お互いに無理のない距離感で付き合う印象があるのです。

　その場だけ合わせておきながら後で悪口を言ったり、グループのノリに合わせられない人の陰口を言うケースも多い日本人と異なり、「相性が合わない人とは距離をおく」と割り切っているように見えることもあります。たまたま運よく話が合えば仲良くなるものの、そうでなければ最低限のマナーだけ守って、ニュートラルな関係を維持する傾向がある気がするのです。

　日本は民族や言語・文化など、他国と比べて比較的同質性が高い国と考えられているため、他の国や文化圏の人々と比較すると「話せば相手も分かってくれるだろう」という期待感が強く、無意識に相手の理解を期待したり「分かってもらえて当たり前」と思う傾向が強いのではないかと筆者は考えています。夫婦や友人になると「言わなくても分かってもらって当たり前」になりがちなのが、その典型だと思います。

そのため、本人が期待したほど相手の理解が得られないと相手を非難したり、逆に「自分が悪かったのだ」と必要以上に自分を責めてしまいがちなのかもしれません。

　シンガポールをはじめ異なる文化を持った人間どうしが多く集まる国では、「他人どうし、分かり合えなくて当たり前」「理解してもらえるかどうかは相手次第」という考えからスタートしている気がします。

　そのため、相手が理解できるように説明するのは大前提、たとえ相手が理解してくれなくても自分を責めたり相手を責めたりせず、伝え方を工夫したり、逆に割り切って無理に深入りしないなど、適度な距離感で付き合うのではないかと思います。

第3章 カルチュラル・インテリジェンスの向上策

		具体的な対応例
初対面の人との対応	最初に話す内容 ・仕事の内容やその人の社会的な地位などについて ・家族や趣味など個人的な内容 ・天気やニュースなど	相手に合わせてテーマを選ぶ
	話し方 ・相手の顔を見ながら会話する ・アイコンタクトの違いに配慮する ・相手の表情を見ながら話題を選ぶ	空気や感情を読み、相手の感情や興味・関心を把握する
日常会話のバリエーションを増やす	家族観、宗教観、伝統、芸術などについて学ぶ	
関係づくり	・目の上の人を尊重する文化	尊敬語、謙譲語は自然と身に付いたもの。外国人が実践するのは難しいことを理解
	・外と内をはっきり分ける傾向がある	外国文化に対する知識や柔軟性を身に付ける
外国人部下へのマネジメント	・関係のない部署で修業させる ・業務パフォーマンスが高いほど損をする	外国人だけではなく日本の若手にとっても受け入れがたい伝統であることを理解
	・自分の経験やマネジメント・スタイルを絶対視する	強みと弱みを理解したうえで柔軟に変えていく
他人どうし分かりあえなくて当然	・見ず知らずの相手を人間として認識し最低限のマナーを守る ・無理に合わせる必要はないが否定もしない。無理のない距離感で付き合う ・相性が合わない人とは無理して合わせない	

2 外国人とコミュニケーションを取るコツ

(1) コミュニケーションにおける文化的特徴

　日本人の文化的な特徴については様々なところで論じられていますが、日本語の文献に限ってみると西洋と比較した内容が多く、アジアやラテン諸国など他の国々と相対的に比較した論文は少ない印象があります。

　例えば、日本人はコミュニケーションの際に文脈や行間を読む傾向が強い、いわゆるハイ・コンテクストの文化であり、それに対して西洋諸国は分かりやすくモノを言う傾向が強い、いわゆるロー・コンテクストの文化であるという議論があります。

　確かに、アメリカ合衆国やオランダを筆頭にカナダやオーストラリア、イギリスなどの西欧諸国は意思をはっきり伝える傾向があると思います。西欧、特にゲルマン語圏では「相手に伝わらないのは伝え方が悪いからだ」という考え方が一般的とされており、「相手が言いたいことを聴き手が察してあげる」「はっきり言い過ぎるのは逆に相手に対する配慮が足らない」という考え方や傾向が強い日本とは対照的です。

　この傾向の違いは、それぞれの国々の歴史的背景も大きな要因の1つになっていると言われています。先祖代々山に囲まれ農業をしながら同じ場所に定着する傾向が強かった日本人と比べ、次々と異なる人種や家族が流れ込み交流を余儀なくされたアメリカなどでは、あいまいな表現より、すぐ伝わるような分かりやすい表現のほうが合理的で好まれたのでしょう。

　しかし、同じ西洋諸国であってもアングロサクソン系とラテン系では若干傾向が異なるようです。ラテン系と比べても、アングロサクソン系

のほうがより分かりやすく物を言う傾向があると言われているのです。
　一方、ハイ・コンテクスト文化については日本だけでなく他のアジア諸国——例えば韓国や中国、シンガポールなど——も、西洋と比べハイ・コンテクストの傾向が強いと言われています。それでも、日本と比べるとシンガポールのほうがより分かりやすくはっきりとした表現を好む傾向があるようです。
　以上のことからも、コミュニケーションの特徴1つとってみても、簡単に二極化できるものではなく、相対的であることが理解できると思います。
　しかし、日本人の中には、「外国人は自分の意見をはっきり言う傾向がある」などのような考えが頭から抜けず、外国人を見ると誰彼かまわずハッキリものを言い過ぎて、逆に失礼を重ねてしまうケースも見られるようです。
　日本人の上司がインドネシア人やタイ人の部下に対して問題点や改善点を伝える場合を考えてみます。
　一般的に、インドネシアやタイの人々は日本人のようにネガティブなフィードバック（好ましくない評価を伝えること）を避ける傾向があると言われています。ところが、「外国人だからハッキリ言わないと理解できないだろう」と勘違いした日本人マネージャーが、「○○君のこういう部分が未熟でダメだ。すぐに改善しなさい」などと強い調子でハッキリ言ってしまうと、信頼関係にひびが入ってしまうケースもあるのです。パフォーマンスにも大きな影響が出てしまうだけでなく、中には職場に来なくなってしまうケースもあるので、影響は無視できません。
　どのような相手であっても仕事である以上、改善点や問題点については伝えていく必要はありますが、ネガティブなフィードバックについては特に、国や文化によって受け止め方やインパクトが異なりますので、十分な配慮が必要です。
　相手の文化に合わせて伝え方を変える——"はっきり"言うのではな

く"分かりやすく"伝える——などの工夫が必要と言えるでしょう。日本国内においても、グローバル化が進みつつある昨今、相手の文化に合わせた適切かつ柔軟なコミュニケーションが必要不可欠な時代になった、と言えるかもしれません。

(2) メール文化の違い

　ビジネスの場において顧客や上司・同僚とメールのやり取りをする機会は多いと思いますが、日本人どうしの場合、挨拶から締めの言葉まで、まるで手紙のように丁寧な書き方をするケースは多いと思います。
　例えば下記のようなイメージです。

****
　田中健一様

　いつも大変お世話になっております。
　早速で恐縮ですが、ご要望をいただいていた書類の準備が整いましたので、メールにてお送りいたします。
　お忙しいところ恐れ入りますが添付のファイルをご確認いただいてもよろしいでしょうか。
　何かご不明な点などございましたら、どうぞいつでもご連絡ください。
　重ね重ね恐縮ですが、どうぞよろしくお願い申し上げます。

　○○株式会社
　伊藤文子
****

　ところが諸外国の人達と英語でやり取りをする場合、そのあまりのシンプルぶりに驚くことがあります。例えば下記のようなイメージです。

第3章 ●カルチュラル・インテリジェンスの向上策

```
*************************************************************

Hello Namie,

I send the document. Please see the attached.
Thank you!
（書類を送ります。添付を見てください。ありがとう）
Regards,（敬具）
Bob .
*************************************************************
```

　日本のビジネス文化に慣れた感覚であれば、「少し失礼ではないか」と思ってしまうほどシンプルなメールが多いのです。相手の顔が見えず、文字しか伝えることができないメールのようなコミュニケーションは、誤解が生じやすいとも言われているため、言葉を選びながら丁寧に書くよう教えられてきた日本人のビジネスマンにとっては、驚きを通り越し抵抗を感じる人もいるかもしれません。

　ところが、筆者のこれまでの経験ではヨーロッパ諸国の人々に限らずアジア諸国の人々とのメールの場合でも、このようにシンプルな文面が一般的でした。最初は戸惑いましたが、メールに割く時間が削減できるうえ、誤解が生じる余地もないほど簡潔で短いメールは合理的と言えるかもしれません。

　日本式には日本の良さがありますので、「どちらが優れている」などと単純に比較できないと思いますが、相手の文化との違いを理解し、互いに「そういうものだ」と発想を切り替えることが、余計なストレスや摩擦を生まないコツと言えるでしょう。

(3) アサーティブなコミュニケーション

　前項において、アメリカ合衆国、カナダ、オーストラリア、イギリスなど英語をネイティブ言語とする国々では、その場の空気を読みながら忖度する日本と異なり、自分の意思をはっきり伝える傾向があると述べました。

　しかし実際は、何でもかんでも自分の意見をズバズバと言うわけではなく、相手の気持ちに配慮しながら言葉を選んでいる印象があります。もちろん人にもよりますし、筆者が普段交流させていただいている外国の方々はヒューマン・サービスの職に就く人達（コミュニケーション能力が高い人達と言えるかもしれません）が多かったので、単純に一般化はできないかもしれませんが、きちんとした教育を受けて、それなりに社会生活を送っている人であれば相手に配慮した言葉を選ぶことは、基本的なマナーとしてある程度身に付けているのではないかと思います。

　例えばグループで夕食に行く状況を考えてみます。一人が「イタリアンはどうだろうか」と提案したとします。全員が賛成すれば話は早いのですが、中にはイタリアンの気分ではない人もいます。そのようなとき、日本人であればその場の空気を読んで希望を言わず黙ってついていく人も多いでしょう。

　しかし西洋の人々は、「イタリアンもいいわね。でも、実は今日のお昼にイタリアンレストランに行ってしまったの。もしよければ、今日は他のところに行きたいのだけど」「イタリアン、良いアイディアね。でも、もしよかったら、ピザがあるところに行きたいわ。今日のお昼はパスタだったから」などと、相手の意見や希望を尊重しつつ自分の意見をいうケースが多いのです。

　このような、メンバーの希望や好みに配慮しつつ自分の希望も上手に伝える、いわばアサーティブ（"さわやかな自己表現"と呼ばれることもあります）な表現法はもともとアメリカで生まれたコミュニケーション法の１つですから、当然と言えば当然かもしれません。

第３章●カルチュラル・インテリジェンスの向上策

しかし、彼らのコミュニケーションの傾向に対して誤解がある日本人の中には、「はっきり自分の意見を言わなければ」と意識し過ぎるあまり、「I do not like Italian」（私はイタリアンが好きではありません）「I do not want to go to the Italian restaurant」（私はイタリアンレストランに行きたくありません）と、いきなり強い表現で伝えてしまい、他の人達が"引いて"しまう可能性もあるので注意が必要です。

日本人はどちらかと言うとその場の空気を優先して自分の意見を抑えてしまう傾向がありますが、イギリスをはじめとする英語ネイティブの文化圏の人達が使うような、メンバーの気持ちに配慮して表現方法を工夫しながら自分の意見をはっきり伝える、いわゆるアサーティブなコミュニケーション方法は、日本語で話す場合であっても見習いたい部分ではないでしょうか。

(4) 伝える熱意の重要性

筆者がシンガポールのある会社のコールセンターに電話したときのことです。対応したのはベンガル語訛りの強いスタッフでした。かなり以前から、人件費節約のため英語を共通語とする国にコールセンターを置くケースが増えていましたので、おそらくインドかバングラディシュ近

辺につながっていたのでしょう。

　正直なところ、シンガポールでは聞いたこともないような強い訛りでしたので、大変驚いた記憶があります。

　日本人の中にも、カタカナを棒読みしたような発音で英語を話す人はいますが、丁寧に話せば相手にちゃんと伝わります。しかし、その担当者の言葉は、残念ながらイントネーションも英語からはほど遠く、母音子音も間違って発音しており、大変失礼ながらまったく英語に聞こえませんでした。それなのに、話すスピードだけは落ちることなく自信満々に話を続けるのでした。

　そのため、筆者も諦めることなく何度も聞き返しました。文脈から推測できるような customer や account などのような簡単な単語さえ発音が不明瞭で何度も聞き返す有様でしたが、担当者は機嫌を損ねることなく何度も単語を繰り返し、ときには別の表現に変えるなどして、一生懸命伝えようと努力してくれました。

　日本人の担当者であれば「下手な英語で申し訳ない」と委縮し、ますます声が小さく不明瞭になりそうな状況でしたが、彼は「お客様にきちんと伝えるんだ！」という熱意を切らすことなく最後まで責任を持って対応してくれました。

　このエピソードのように、ビジネスのグローバル化に伴い、サービス提供者も受益者もどちらも英語を母国語としないケースが増えています。中には訛りが強く、スムーズなコミュニケーションが難しくなる場合もあります。

　それでも筆者にとっては、臆して口を閉ざすことなく何度でもへこたれずに話す、分からなければ何度でも聞き返す…くらいの強さと粘りが、意思疎通の際は非常に大事なのだと気づく大変貴重な経験になりました。

　下手な英語でも怖気づくことなく伝えようとする前向きな態度は、日本人が大いに学ぶべき部分でしょう。

（5）非言語的コミュニケーション

　国や文化によって異なるものの一つに、パーソナル・スペースやボディー・ランゲージがあります。他者との距離の取り方、身体的な接触の程度、表情や身振り・手振りなど、文化によって意味やニュアンス、方法などが異なってくるのです。

　例えば、カナダやオーストラリア、イギリス、フランスの女性などの西洋の女性は一般に、気心の知れた同性の友人や仲間に対して、お互いの両頬を順に軽く当てて挨拶をする傾向があります。ただし、相手が異性の場合は握手のみにとどめるなど、同性と異性では挨拶方法も異なります。

　また、イタリアやスペインなどラテン系の人などは、仲良くなるほど身体的な接触が多くなる傾向があるようです。国によっては異性でも相手の肩や手を触ることに比較的抵抗が少ない文化もあるのです。

　逆に、東アジアの人は西洋の人々と比べて身体的な接触が少ない傾向があります。特に異性間での身体的接触は抵抗感を抱くケースも少なくないようです。

　異文化適応力が高い人は、この違いに注意を払い、相手の文化に合わせた対応を心掛ける傾向がありますが、文化の違いに対して無頓着な人や異文化適応が苦手な人の場合は、信頼関係の構築まで時間がかかったり、場合によってはトラブルの原因になる場合もあるでしょう。

　身体的接触に対する抵抗感が少ないラテン人女性が、会話をしながら気軽にアジア人男性の腕や肩を触っているうちに、男性側が「この女性は自分のことが好きなんだ」と勘違いして、突然女性に猛アプローチを始めセクシュアル・ハラスメント問題に発展するようなケースは、その典型例かもしれません。

　日本のように儒教文化が残る社会では、中高齢の役職男性が若年層の女性部下に対して、軽んじたような態度をとるケースもまだまだ少なくありませんが、フラットな関係を好む文化の国から来た人には受け入れ

られず、反発を買う場合もあります。

　特に職場などでは、日本人どうしであれば許容される言動であっても、異文化の人には強い拒否感を伴うことがありますので、相手の文化の特徴を理解するとともに、表情や態度から相手の違和感や抵抗感に早く気づく必要があります。

　文化によるコミュニケーションの違いについて考えるとき、アイコンタクトも忘れてはならない重要な要素の１つです。日本人など東アジア人は一般に相手をじろじろ見ることは失礼とされることが多く、アイコンタクトも比較的弱い傾向があると言われています。それに対してインドやパキスタン、バングラディシュのような南アジアの国や、中東諸国、あるいは南アメリカ大陸のラテン系の国々など、相手をじっと見つめる文化の国も多く存在します。

　このような非言語的なしぐさや視線などは、子どもの頃から自然に身に着いた日々の何気ない行動の１つであり、無意識の振る舞いである場合も多いため、正反対と言えるような文化の相手と接したときなど違和感の原因になることがあります。

　例えば、ほとんど海外経験がない日本人の中には、外国人のコンビニスタッフに対して必要以上にイライラをぶつけてくる人がいますが、対応の良し悪しではなく、単に無意識の部分からくる違和感が原因である可能性も考えられます。もちろん、理由は何であれイライラをぶつけて良いことにはなりませんが。

（6）分かりやすく伝えることの大切さ

　島国で他民族がほとんど入ってこなかった歴史を持つ日本人は、同じ集団に属している相手に対して、どこか「お互いに分かり合える」ことを期待する傾向があると思います。

　昔から以心伝心という言葉があるとおり、夫婦間でも「言わなくても理解するのが当然」という期待があり、その期待が高じてケンカになる

ことも珍しくないと思います。

　一方、多様な民族や人種が混在している国では、「お互いに分かり合えない」ことが前提になっている印象があります。そのような前提があるからこそ、普段のコミュニケーションにおいても自分の意思をはっきり伝える傾向があるのでしょう。

　異文化の人とコミュニケーションを取るときは、はっきり分かりやすく伝えることが基本です。ただし当然のことだと思いますが、はっきり伝えることと相手を傷つけることは別問題です。「どのような言葉で傷付くか」も文化や個人の性格によって異なってきますので、相手の反応を見ながら、時には言葉で相手の気持ちを確認しながら言葉を選ぶようにしましょう。

3 誰にでもできる CQ 向上策

　少子高齢化による人材不足という社会的要請と加速するグローバル化の流れを背景に、外国人労働者の雇用が促進される中で、企業経営者やマネージャー職あるいはカスタマーサービスなどの業務に就く人を中心に、今後ますますカルチュラル・インテリジェンスを向上させる必要性に迫られていくでしょう。

　ここでは、「第1章 2．CQの基礎理解」で見たディビッド・リバモア氏の4次元モデルをベースに、比較的取り組みやすいと考えられる方法を中心に、カルチュラル・インテリジェンスの向上策について提案していきたいと思います。

(1) CQ Drive（内発的な動機、外因的な動機、自己効力感など）

　最初はCQ Drive（内発的な動機・外因的な動機・自己効力感）に着目した向上策、つまり動機付けです。別の言葉で言うと、先にも紹介したとおり、異文化に適応する際の原動力となる自信やモチベーションのことです。異文化トレーニングのアプローチの多くは、このCQ Drive

＜動機付けに役立つ方法＞

- 外国の食事を楽しむ機会を設ける
- 情報番組を見る
- 展覧会や博覧会に足を運ぶ
- ブログやＳＮＳをチェックする
- 映画を見る／撮影地を巡礼する
- セミナーに参加する
- 海外経験が豊かな人と交流する

が前提条件になっていると言われていますが、中でも"内発的な動機"には個人差があり、人によっては意欲が出るまで長い時間が必要になる場合もあります。

　特に、目新しいものや人に対する関心が低い人は、「異文化理解のために」という言葉を聞いただけで拒否反応を起こすかもしれません。そのため、次のような方法を参考に個人の性格やペースに合わせてステップや内容を変えていく必要があります。

●外国の食事を楽しむ機会を設ける

　大きな街であれば、韓国料理やタイ料理・ベトナム料理、インド料理、モンゴル料理、フィリピン料理、メキシコ料理、モロッコ料理、トルコ料理、ブラジル料理ほか様々なエスニックレストランがあると思います。口に合う好みのエスニック料理店を見つけて、気軽に異文化を体験してみましょう。

　その際、伝統音楽によるミニコンサートなどが開かれるお店を探し、スケジュールを調べて足を運ぶのも一考ではないでしょうか。ただ食事をしてすぐ帰るのではなく、外国人スタッフとの会話を通して異文化に触れることもできると思います。簡単な単語を覚えて行ったりスマートフォンの翻訳アプリを使って、短い会話を楽しんでみても良いかもしれません。

　日本で営業しているレストランは、日本の文化に合わせたサービスを提供していますが、万一違和感があるサービスがあっても不快に思わず、彼らの文化を理解する貴重な機会ととらえてみてはいかがでしょうか。

　「頻繁にレストランに行く時間や予算がない」という場合は、輸入食材を扱うお店に行き外国の加工食品や食材を買って自宅で作ってみてはいかがでしょう。インターネットでつくり方を探す際に、他の伝統料理も一緒に検索して歴史を学んでみても良いと思います。

●情報番組を見る

　海外旅行番組や情報番組などを通して異文化に親しむ方法もあります。インターネットを検索すれば無料の映像がたくさん出てくると思いますので、手軽に異文化体験ができるでしょう。語学の勉強を兼ねて、英語や諸外国語の番組や映像を探してみても良いかもしれません。

　旅番組の他にも伝統音楽や伝統舞踊、ローカルフードや伝統料理、現地の人気レストランなどテーマを広げてみても面白いと思います。

●展覧会や博覧会に足を運ぶ

　大きな都市であれば定期的に旅行博などという名称で、各国の観光ＰＲのための催しが行われることもあります。イベントの内容にもよりますが、きれいな風景が掲載されたパンフレット等の他に、各国のお菓子を試食できたり、軽食コーナーで伝統料理が体験できるかもしれません。

　また、各地域にそれぞれ開設されているパスポートセンターの隣にはたいてい旅行用品のお店があると思いますが、そこで海外の土産物などを扱っている場合もありますので、のぞいてみても良いでしょう。

　身近なところでは、デパートで開催される外国フェア——ハワイフェア、イタリアフェア、フランスフェア、イギリスフェア、ドイツフェア他——などに足を運んでみるのも１つの方法でしょう。

●ブログやＳＮＳをチェックする

　インターネット上には外国で暮らしながら、その国の情報を発信する個人のブログやホームページ、ツイッターのアカウントなどがたくさんありますので、興味を惹かれたものを気軽にチェックしても良いでしょう。

　あくまで個人の経験であったり個人的な感想であったりしますので、偏っている情報もあると思いますが、１つの意見として参考にはなるでしょう。

●映画を見る／撮影地を巡礼する

これまで邦画オンリーだった人も、少し趣向を変えて海外の作品に目を向けてみてはいかがでしょうか。ハリウッドものだけでなく、アジアや南米など様々な国々の映画やマイナーな映画の中から興味を惹くものを探してみましょう。

アジア近隣諸国など、距離的に近い国であれば、撮影地の巡礼ツアーを計画して、実際に足を運んでみても良いかもしれません。

●セミナーに参加する

最近は各市町村や各都道府県で外国人雇用関連のセミナーを開催する機会が増えてきました。法律や手続き関連など"堅い"内容のセミナーに参加するのは少々気が重いようであれば、外国人労働者の受け入れ体験談など"柔らかい"内容から参加してみてはいかがでしょうか。

その他、海外ビジネス経験や駐在経験が豊富な人のセミナーなど、興味のあるテーマを探して参加してみても良いでしょう。

●海外経験が豊かな人と交流する

身近に海外経験が豊富な友人や知人がいるようなら、経験談を聞いてみるのも良いと思います。

また、最近は日本語が流暢な外国人に出会う機会も増えましたので、縁があるようでしたら彼らにそれぞれの国や文化の話を教えてもらっても良いでしょう。

(2) CQ Knowledge（文化的システム、文化的規範、文化的価値などに関する知識）

CQ Knowledgeとは、カルチュラル・インテリジェンスの認知的な側面——「それぞれの異なる文化に関する、文化的システムや文化規範、

価値観などのマクロ的な理解」のことで、要するに他の国の文化や社会・言葉などに関する知識を言います。「他の国に関する知識が豊かである＝異文化適応力が高い」とは必ずしも言えませんが、自信につながりますので、カルチュラル・インテリジェンスにおいて重要な要素の1つです。

以下はCQ Knowledgeに焦点を当てたCQ向上策の一例になります。

＜知識を増やす方法＞

- 海外を旅行する
- 外国語を学ぶ
- 歴史を学ぶ
- 外国人のブログを読む
- 美術館や博物館に足を運ぶ

●海外を旅行する

最も手軽に異文化を学ぶ方法として海外旅行を外すことはできません。最近はLCC（Low-cost carrier 格安航空会社）やAirbnb（エアビーアンドビー・宿泊施設紹介等のサイト）など選択肢も増え、予算を抑えた旅行が可能になっていますので、場所や時期によっては国内旅行より安くなる場合があります。時間が十分に取れない人でも、近隣のアジア諸国であれば1泊から2泊くらいの短期旅行も可能ですから、計画してみてはいかがでしょう。

その際、旅行会社のパッケージツアーだけでなく飛行機や宿をネットで手配し、空港から中心地までのルートを調べて、現地でバスや鉄道のチケットを買うなど可能であれば自分でアレンジしてみても良いでしょう。安全の確保が第一ですので一概には言えませんが、言葉が不自由な外国で、スムーズにコトが運ばず無駄な時間やハプニングが多い旅行は、常識が異なる異文化や外国人に対する柔軟性を養う良い機会になるはずです。現地の人達とのコミュニケーションを通じて、国や文化を超えた

人間の優しさや共通点を知ることができるでしょう。

●外国語を学ぶ

外国語の習得は、言葉を通して日本と異なる文化や歴史・習慣などを学ぶ貴重な機会となりますので、英語に限定せず興味のある言語があればチャレンジしてみましょう。上達すれば、その国の人達との交流の機会も増えると思います。

日本で生活している外国人と会話するときも、その国の言葉で話した方が喜ばれますし、日本語や英語で話をするより、それぞれの母国語で話すほうが彼らの本音も出やすいと思います。他国の文化や考え方を深く学ぶためにも、外国語の勉強は必要不可欠と言えるでしょう。

●歴史を学ぶ

長く培ってきた慣習や信仰、政治の在り方など、その国の文化や文化的役割に関する理解を深めるためにも、歴史を学ぶことは非常に効率的かつカルチュラル・インテリジェンスを養う効果的な方法の1つです。

歴史を学ぶには本を読むのが早道ですが、一口に歴史の本と言っても、政治に焦点を当てたもの、特定の時代について記したもの、文化について記載したもの、写真中心のもの…など切り口はいろいろだと思いますので、興味がもてるテーマの本から入ると良いでしょう。歴史の本が少々負担になる場合は、ガイドブックや旅行記を読んでみても良いと思います。

●外国人のブログを読む

興味を惹いた国の著名人や芸能人などのブログやツイートをチェックしてみるのも1つの方法です。

海外で生活する日本人のブログやツイートは、CQDrive（動機づけ）には役立つと思いますが、日本人の目を通しているのでCQ Knowledge

（知識）を養う教材としては不十分です。翻訳アプリなどを使って、直接その国の人が発信するブログに目を通してみると良いでしょう。

●美術館や博物館に足を運ぶ

　美術館や博物館に興味がある人は、特別展などのイベントをチェックして、興味のある作品だけでなく馴染みのない国のイベントなどに足を運んでみるのも良いと思います。

　歴史に名を遺した画家の絵画展などは、その国の歴史や文化、信仰、生活スタイルなどを学ぶ良い機会となるでしょう。

(3) CQ Strategy（気付き、計画力、チェック能力などの戦略）

　CQ Strategyとは、文化間を横断する際に必要な戦略を立てる能力や、戦略に対する気付きの程度のことで、プランニング・気付き・チェック（確認やモニタリング）などが含まれます。要するに、自分の思考プロセスに気付き、異文化の文脈を理解し、問題を解決するために自分の知識を利用する能力のことを言います。

　以下はCQ Strategyに焦点を当てたCQ向上策の一例になります。

＜自分を客観視する方法＞

・チェックツールを活用する
・研修を受ける
・自分の中にある偏見に気づく

●チェックツールを活用する

　どのような能力であっても自分の現在の位置を知ることからスタートします。CQ測定ツールを利用して自分のレベルを測ることができれば一番良いのですが、日本人向けの専門的な測定ツールはまだ開発途上にありますので、筆者が作成した巻末のCQチェックツール（130頁）な

どを参考に、ご自身の特徴を振り返ってみてください。

なお、前述のディビッド・リバモア氏は「CQ向上の方法として自分がどの領域が強く、どの領域が弱いのか把握する必要がある」と述べています。具体的には、まず自分のCQレベルを測定したうえで上司や仲間などからも評価してもらう、いわゆる360度評価法の1つであるCQMulti-Rater Assessment（CQレベルを測る専門のツール）などの測定ツールを利用して、自分のCQレベルを把握すると良い、と述べています。

● 研修を受ける

外国人の部下ができた、海外に派遣されることが決まった、など具体的な目的がある場合は、ぜひCQに関する専門的な研修を受けることを検討してみてください。

研修内容については、座学で学べる理論的な内容だけでなく、ワーク形式のものを盛り込んだ内容のほうがより効果が高いと思います。

● 自分の中にある偏見に気づく

偏見の濃淡は個人差があると思いますが、まったく偏見がないと断言できる人は少ないのではないでしょうか。「外国人に対して偏見はない！」と言い切れる人でも、性的マイノリティの人や、障がい者、高齢者、少数民族、他宗教など、十分な知識がないばかりに相手に対して偏見があることに気付かない可能性もあります。

まずは、それぞれの国や文化に対する知識を増やし、自分の中にある偏見に気付くことが大切です。

(4) CQ Action（非言語的な行動力や言語などによる適応行動）

CQ Actionとは、様々な状況の中で適切に行動する能力のことを指し、言語的なもの（バーバルなもの）と非言語的なもの（ノンバーバルなも

の）があります。特定の文化もしくは異なる文化において、効果的に目標を達成するための能力でもあり、文脈に合わせた柔軟な態度などが含まれます。

以下は、CQ Actionに焦点を当てたCQ向上策の一例になります。

＜適応行動力を身に付ける方法＞

・海外で生活する
・外国人留学生を受け入れる

●海外で生活する

事情が許すようであれば、短期間でも海外で生活するのが最も効果的な方法の1つです。知人の家に滞在したり、Airbnbなどを利用したり、現地でアパートを借りて生活するなど無理のない方法があればぜひ試してみましょう。

体験を通した学びほど有効なものはありませんので、海外に少しでも滞在できるようであれば、ローカルの文化を経験できるような機会をできる限り探してみるのも1つの方法です。

●外国人留学生を受け入れる

海外生活は、人によってはハードルが高く事情が許さない場合も多いと思います。もし、家族の同意が得られて、諸条件が許すようなら日本でホストファミリーを経験するのも1つの方法と言えます。

受入対象となる外国人は、日本語を勉強するために来る若者や学生達も多いと思いますので、外国語が得意でなくてもチャレンジできるのではないでしょうか。

生活を共にしますので、外国人の学生側はもちろん受け入れるホストファミリー側も異なる文化や習慣を直接学ぶ貴重な機会となるでしょう。

第4章

カルチュラル・
インテリジェンスを
現場で活かす

1 CQの視点から考える接客上の留意点

　筆者は個人で海外法人を立ち上げ、一からネットワークを作り仕事を継続することを通して、外国で生活することの大変さを直に体験することができました。日本で生活しているときには想像もできないような困難にぶつかったこともありました。

　状況は異なっていても、日本に働きにやってくる外国の人々もきっと数多くの困難にぶつかりながら頑張っているのではないかと思います。

　そんな外国の人達を対象にビジネスを始めたり雇用したりさらには様々なサービスを提供する場合は、彼らの置かれた状況やニーズを踏まえることが必要となります。

　ここでは、日本で働く外国人の目線に立つよう心掛けながら、外国人を対象にビジネスをする際に踏まえておきたい点、あるいは接客上の留意点などについて考えてみます。

(1) 前提条件を知る

　一口に外国人労働者と言ってもビザの種類はいろいろですし、語学力も職業スキルも収入も、家族構成も多岐にわたっているでしょう。特に、来日してまだ日が浅い外国の人々に焦点を当てて考えてみると、語学力が不十分なだけでなく、日本の社会システムや法律をよく知らない人が多いはずです。

　日本人であれば、転居の際はどこに行き、どのような手続きをすれば良いか、行政がどのようなサービスを提供しているか、労働保険や社会保険ではどのような内容がカバーされているか、どこにどんな無料相談窓口があるか、医療機関を受診する際はどうすれば良いかなど、漠然と

した社会の枠組みは理解しているものです。

　詳細な情報は知らなくても、誰に聞けば良いか、どこに行けば良いのかくらいのイメージはできると思います。

　ところが、異国から来た人たちにとっては、この「漠然とした社会の枠組み」を把握することが最初のハードルになります。少しずつ時間をかけて、日々の生活を通して、自分の国の社会システムと比較しながら理解していくことになりますが、国によって社会保険でカバーされる内容も、医療システムも、民間と行政のサービスの枠組みも異なります。

　そのため、来日したばかりの頃は、何か困ったことがあっても必要な機関にアクセスすることができない、あるいはアクセスすることさえ思いつかない可能性があるのです。

　さらに、社会サポートが脆弱な外国人をあえて狙って、騙してお金を巻き上げるために犯罪者達が寄ってくることもあります。それは何も日本人に限らず、むしろ同国人である場合も珍しくありません。

　このような状況は、想像する以上に不安が大きいはずです。なぜなら、トラブル次第ではビザの更新ができず強制的に帰国しなければならないかもしれないからです。母国で仕事が見つからず必死で日本語を勉強し大変な労力をかけ、多くのものを捨てて日本にやってきた外国人も多いはずです。事情が分からないまま突然帰国することになったら泣くに泣けません。

　会社の信用と経済力にしっかり守られた海外駐在員や、現地に同国人の強固なネットワークがある人達はまた少し事情は違うかもしれません。

　しかし、それでも来たばかりの頃は、電気や水道などインフラの手続きだけでも戸惑うことが多いでしょう。同国人のネットワークと言っても趣味を通じて知り合った仲良しグループというわけでもありませんから、溶け込めない人も当然いるでしょう。

　もちろん、言葉の問題も重要です。語学力が低ければ、それだけ社会

資源にアクセスする力が弱くなるからです。特に日本の行政サービスは自ら申請しなければならないものが多いため、外国人にとっては余計にハードルが高くなりがちです。

　外国人労働者を対象にサービスを提供する際は、このような前提条件をよく理解したうえで、本人にとって大きなサポートになるような情報提供からスタートしてはいかがでしょうか。ビジネスの基本となる、信頼関係の構築に役立つかもしれません。

(2) タブーを知る

　国や文化によってタブーとされる事項が異なりますが、特に宗教的な意味を持つタブーはしっかり頭に入れておき、絶対に破らないよう気を付ける必要があります。

　例えば、イスラム教徒の人に対して豚肉を使った食事やアルコールを提供することはもちろんご法度ですが、インドやマレーシア、ネパール、タイなどの子どもに対して「神が宿る」とされる頭をなでる行為も厳禁とされているので注意が必要です。

　図表はタブーの一例ですが、それぞれの国の人達と接するときは十分気を付けるようにしたいものです。

　上記の他にも、カトリック教徒などは宗教上、自殺や堕胎が許されていないため、万一その人の身近な家族等がそのようなケースに該当する場合は、立ち入った話をしないなど配慮が必要でしょう。

　何か贈物をする際、物だけでなく包装紙の色にも気を配る必要があります。中国では赤は縁起が良いが白は葬儀を連想するため避ける、イスラエルでは青は良いが黄色がタブー色、ヒンズー教の人に牛革の小物は避けるなど国や文化によって異なりますので、せっかくの贈物が台無しにならないよう注意が必要です。

第4章●カルチュラル・インテリジェンスを現場で活かす

＜各国のタブー＞

国	タブー	国	タブー
中国	・提供された食べ物を全部食べてしまう ・プレゼントとして時計や扇子、傘や装身具等を送る ・人前で酔っぱらう ・他人の妻を褒める ・宛名の姓と名を分離して書く	ミャンマー	・左手で食事したり、握手したり、物を渡す ・人前で怒る ・人さし指で相手を指す ・腰に手を当てる ・器を持ち上げて物を食べる
韓国	・目上の人の前でタバコを吸う ・赤い字で名前を書く ・箸をご飯に立てる ・片手で物を受け取る	ネパール	・左手で食事したり、握手したり、物を渡す ・人前で怒る ・人さし指で相手を指す ・腰に手を当てる ・器を持ち上げて物を食べる
シンガポール	・プレゼントとして時計や扇子、傘や装身具等を送る（中華系） ・牛肉を食べる（ヒンズー系） ・左手で食事したり、握手したり、物を渡す（インド系）	ベトナム	・子どもの頭を撫でる ・麺をすすって食べる ・とりわけのとき直箸をする
タイ	・足の裏を人に向ける ・人前で叱る ・ズルズル音を立てて食べる ・国王や王室を批判したり侮辱する ・顎で人や物を指す ・長幼の序を無視する	フィリピン	・自宅に招かれた際に料理やアルコールを持参する ・神の存在を否定する ・公の場で怒りの感情をあらわにする ・面と向かって否定的な意見を述べる
マレーシア	・人前で怒る ・初対面で異性に握手を求める ・人指し指で人を指す ・子どもの頭をなでる	インド	・左手で食事したり、握手したり、物を渡す ・牛肉を食べる（ヒンズー教徒） ・人さし指で相手を指す ・腰に手を当てる ・子どもの頭をなでる
インドネシア	・左手で食事したり、握手したり、物を渡す ・人前で怒る ・人さし指で相手を指す ・腰に手を当てる ・器を持ち上げて物を食べる		

また、清潔好きの日本人はどこに行くにもウェットティッシュを持ち歩くことが多いと思いますが、アルコールが含まれていることが多いのでイスラム教徒の前では使用しないほうが良いでしょう（赤ちゃん用のウェットティッシュであれば、アルコールが含まれていない物が多いと思いますので問題ありません）。

(3) ニーズに気付く
　日本でビジネスを始める場合、顧客層のニーズや属性を踏まえた商品を考えサービスを展開するのが一般的だと思いますが、日本で生活する外国人を対象にビジネスを始める場合においても、商品やサービスの性格を踏まえたうえで、顧客層の属性やニーズ、家族構成や生活スタイルなどを考慮した情報収集が必要不可欠となります。
　なお、サービスの内容によって若干異なってくると思いますが、顧客層の特徴やニーズを把握するにあたって、下記のような観点から情報を収集していくのも１つの方法だと思います。

- 日本に来た目的
- 職種等
- 滞在予定期間
- ビザの種類
- 家族構成

　行政サービスや医療サービスなどのように生活や健康に直接関わる情報や、子育てや教育に関わるような情報ほど、母国語による対応を希望することが多いと思います。
　特に、日本語の語学力の問題については、外国人にとって基本中の基本であるにもかかわらず、十分に話せないまま渡日して働き出すケースも最近は増えつつあるようです。経済的に余裕のない外国人労働者を対

象とした語学教育サービスに対するニーズが、今後ますます高まっていくことが予想されています。

なお、日本で生活する外国人のニーズを踏まえたサービスとは少し趣旨が異なるかもしれませんが、急に亡くなった外国人への葬送サービスは重要かつ早期に解決すべき課題の1つだと言われています。

日本で生活していた外国人が不幸にも万一亡くなった場合、本人あるいは遺族の希望で、母国で埋葬されるケースがあります。

その場合、遺体を母国に送ることになりますが、行政機関での複雑な許可申請を経たうえで、飛行機で特別な棺桶に入れて搬送しなければなりません。発展途上国から出稼ぎに来ていた外国人の遺族にとって、飛行機による搬送は基本的に正規料金の扱いになりますので、それだけでも大きな負担になってしまいます。

現在は雇主等が善意で費用を負担しているケースも多いようですが、今後ますます外国人労働者が増えていく状況の中で、保険や制度等でしっかりカバーしていく必要がある領域の1つではないかと思います。

また、火葬が一般的な日本と異なり、埋葬方法こそ宗教や文化によって様々ですので、簡単にいかないのが実情と言えます。例えば、イスラム教では土葬が基本ですので、日本で埋葬する場合は土葬できる墓地を探しておく必要があります。

(4) 認知のクセに気付く

人はどうしても自分の属する文化を正常とみなし、相手の文化のほうがおかしい、間違っているととらえがちです。

外国に行った場合を考えてみましょう。最初の頃は見るもの聞くものすべて新鮮で、何でも「素晴らしい」と感じてしまうかもしれません。しかし、少し慣れてくると徐々にその国の欠点が見えてくるでしょう。

「日本人だったら、もっと丁寧に接客するのに」「日本人と比べて何てだらしないのだろう」などのように、日本との違いが目についてしまう

のではないでしょうか。トラブルなどに巻き込まれたときなど特に、「この国の人達はルーズだ」「サービス精神に欠ける」「この国のほうがおかしい」「相手の考え方に問題がある」と不満を抱くことも多いと思います。つまり、日本を基準にして、相手の文化を評価してしまうのです。

　それぞれの国には歴史があり、長い文化の蓄積がありますので、「どの文化が優れていて、どの文化が劣っている」などのように、それぞれの国の特徴を安易に比較して評価するのはとても無意味なことです。そのことは、多くの人が理解していると思います。

　しかし、頭で理解していることと、実際に渦中に巻き込まれたときに沸き起こってくる感情はまったく次元が異なります。嫌な思いや不便な体験をしたときに自然に沸き起こってくる感情は「理屈」ではないからです。そういうときほど、無意識に自分の属する文化を正常とみなし、相手側を異常であると考えてしまいがちです。

　日本の常識感覚を基準の中心に置く認知のクセに気付き、「日本と比べて優れているか劣っているか」など単純に比較する思考から自由になり、ニュートラルな気持ちで異文化を受け入れることが、ビジネスの発展につながるでしょう。

外国人労働者の育成・研修体制を整備する

　ここでは、CQ コンサルティング®の視点を踏まえた外国人労働者向けの研修について考えてみたいと思います。

(1) 法定研修

　労働安全衛生法の第 59 条において、雇い入れた労働者に対して安全に関する入社時教育が事業主に課せられています。具体的な教育内容は労働安全衛生規則第 35 条において次のように規定されています（事務仕事が中心となる業種等については①〜④は省略しても良いことになっています）。

---
①機械等、原材料等の危険性又は有害性及びこれらの取扱い方法
②安全装置、有害物抑制装置又は保護具の性能及びこれらの取扱い方法
③作業手順
④作業開始時の点検
⑤当該業務に関して発生するおそれのある疾病の原因及び予防
⑥整理、整頓及び清潔の保持
⑦事故時等における応急措置及び退避
⑧そのほか当該業務に関する安全又は衛生のために必要な事項

※社団法人 安全衛生マネジメント協会のホームページより抜粋

　また同様に労働安全衛生法の第 59 条第 2 項において、労働者の作業内容を変更したときは、事業者は雇入れ教育と同内容の安全衛生教育を実施しなければならないと規定されています。労働者が外国人の場合でも当然、この基準は満たす必要があります。

安全に関する内容は万国共通だと思いがちですが、日本の場合は作業手順が厳格な傾向があったり、テキストや法律の記述に漢字が多かったりするなど、日本に来て間もない外国人にとってはカルチャーギャップが大きく、内容まで頭に入ってこない可能性もあるでしょう。
　その場合、平易な言葉を使って丁寧な説明に努めるとともに、なぜこのような段取りが必要なのか、日本文化の特徴を説明しながら研修を行う方法を検討する必要があります。

(2) 語学研修

　外国人労働者が増え続ける現在、日本語の日常会話がやっと…というレベルの外国人を対象に語学研修の機会を提供することは必要不可欠と言えます。
　ただし、言葉は日々の生活の中で覚えるほうが一番習得も早いと言われていますので、座学研修より定期的にお茶会等を開いて話す機会を提供したほうが、より効果的だと思います。
　日本に働きに来た外国人はそれなりに決心をしてやってきた人が多いはずなので、日本語習得にも熱が入ると思われますが、中にはある程度のレベルまで到達した途端に、モチベーションが落ちてしまう人もいるかもしれません。
　そもそも日本語は、比較的習得が難しい言語であるうえ、英語や中国語・スペイン語などと比べて話者人口が少なく世界ランキングの10位にも入っていません。仕事を求めて日本にやって来た外国人が他の国に転職したいと思っても習得した日本語が通用する職場は限られてしまうのです。さらに日本は永住権取得もまだまだ難しい面があり、外国人にとってはせっかく日本語を習得しても無駄になってしまう可能性も否定できません。
　日本語の習得に熱心でなくなった外国人に対して「さらに上のレベルを目指さないと駄目だ」と否定的にとらえるのではなく、上記のような

社会的背景も考慮して研修内容を検討することも必要でしょう。職種にもよりますが、「日本語能力試験のＮ３※レベルに合格すれば、とりあえずよしとする」と考えるのも１つだと思います。

(3) 生活支援

　市町村の手続きや窓口に関する情報、交通機関や住宅・電気水道ガス・インターネット等のインフラに関する情報、病院や学校等に関する情報提供など生活に関わる情報の他にも、年金制度や健康保険など社会制度の仕組みに関する基本的な情報について伝えておくと良いでしょう。

　その際、自治体などで発行しているマニュアルを利用することも多いと思いますが、日本人の常識感覚で内容が書かれているために、外国人によってはいま一つ理解できない場合もあります。

　また、どこまでが国が提供するサービス範囲で、どこからが個人負担の範囲か国によってまったく異なる場合も少なくありませんので本人が困惑することがあります。一方で、外国人によっては、役所でなぜそこまで至れり尽くせりのサービスを提供するのか理解できない人もいる可能性があります。

　役所の手続きについては、外国のほうがインターネットによる申請が一般化している場合もあります。日本のように「紙＋押印方式」の申請方法がどうしても馴染めない人もいるかもしれません。

　そのため、生活に必要不可欠な各種の情報について説明するときは、実際の申請書を用意するなど、できる限り具体的に話をすると良いでしょう。

　また、トラブル防止や早期解決のため外国語に堪能な弁護士や社会保険労務士、あるいは自治体で提供する各種相談窓口などの情報を伝えておくことも大切です。

　国によって各専門分野の範囲や専門性が異なる場合も多いので、各専門家の主な仕事内容についても分かりやすく伝えておきましょう。

(4) 入社時研修

　日本は不確実性に対する耐性が低く、根回しによる合意を好み、ハイ・コンテクストの傾向が強い文化とされています。業種によっても内容は変わると思いますが、異国から来た人に「日本の文化を前提としたあうんの呼吸」は通用しませんので、日本の基本的なマナーや習慣について、時にはケースワークも取り入れながら具体的に説明すると良いでしょう。

　また、会社の基本的なルールを共有するために、就業規則やビジネス習慣の基礎知識についても盛り込むようにしましょう。企業によってはまだまだ「就業開始時刻の10分前には着席している」「終業後も上司が戻るまで待っている」などの暗黙のルールがあるかもしれませんが、外国の人には通用しない場合が多いので、大事な習慣については事前に説明するようにしましょう。

　せっかくですから日本の習慣を見直す機会にしてみても良いかもしれません。

(5) キャリア研修

　今後は、外国人が日本でキャリアを積むための方法や具体例に関する研修を行う必要性も出てくるでしょう。

　その際、日本国内に限定したキャリア形成だけでなく、ビザの期限が終了したあとに他国に転職するケースや、母国に戻って働く可能性などを考慮に入れた内容にすると、より現実的で喜ばれると思います。

　また、「キャリア形成＝職歴」と考える傾向が強い日本の価値観ではなく、「キャリア＝私生活を優先したより良い生き方」「キャリア＝仕事と私生活のバランスが良い生き方」など、多様な価値観を考慮した研修にするほうが望ましいと言えます。

　もし、外国人の労働問題に対応できるキャリア相談窓口を社内で設置しているようであれば、その情報も研修時に案内すると良いでしょう。

(6) メンタルヘルス研修

　日本に働きにくる外国人は心身ともに健康なことが前提だと思いますので、メンタル不調で休職等が必要になるケースは少ないと思いますが、突発的な事件や災害に巻き込まれたり、不慮の事故で不幸にも身近な人が亡くなるなど、トラウマ支援が必要になる場合があるかもしれません。

　特に、日本は災害が多い国の1つです。いつ緊急避難が必要になるか予測が不可能です。万一の時の避難方法や対処法を研修の機会に今一度しっかり伝えておくことも必要であると筆者は考えています。

　外国人労働者向のメンタルヘルス研修については、頻繁に実施する必要はないかもしれませんが、心の健康維持法や不調サインの見分け方、不調者への対応法、必要に応じてトラウマ対策などについて実施すると良いでしょう。

※　公益財団法人日本国際教育支援協会と独立行政法人国際交流基金が実施する、日本語を母国語としない人たちを対象とする試験。N1～N5までの認定基準があり、N3は、「日常的な場面で使われる日本語をある程度理解することができる」としている。

<外国人労働者の育成・研修の流れ>

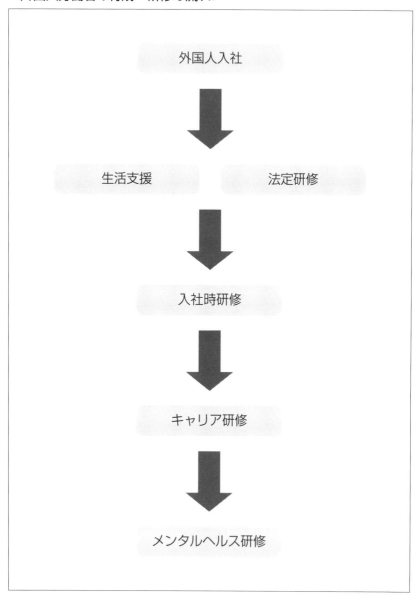

3 外国人の口座開設時の留意点

　ここでは、海外で口座を開設した筆者の経験をもとに、日本で口座開設を希望する外国人顧客への対応上の留意点等について、簡単にまとめてみたいと思います。

●留意点１
　どこの国でも同様だと思いますが、口座を開設する際はパスポートとビザのコピーを取り身元の確認をしっかり行います。国によっては日本のマイナンバーのような個別番号制度もありますので、その番号も合わせて確認しましょう。

　各国の銀行も、マネーロンダリングほか犯罪利用に対する警戒が非常に強くなっていますので、そのためにも身元の確認は何重にもチェックを入れる必要があるでしょう。

　例えば、他国の銀行では下記のような例がありました。

・ビザの有効期限が一定期間以下の場合、口座の開設が断られる。
・雇用主の証明や滞在中の住所の確認が取れない場合、口座の開設が断られる。
・紹介がないと口座開設を断られる。
・一定期間取引がない場合、再手続きをしないと利用できなくなる。

　銀行開設の際は様々な契約書にサインを求められますが、当然その中には犯罪歴の確認に関するものも含まれるでしょう。

　なお、各契約書は母国語（日本の場合は日本語）および英語の２種類

について用意がある場合が多いようです。それぞれの言語に対応した契約書の用意までは必要ないと思いますが、英語の契約書の準備および英語版のネットバンキングの用意は最低限必要となります。

● 留意点２

インターネットバンキングが普及してきた現在、少し状況は変わってきたようですが、それでも「銀行口座＝通帳」というイメージが強い日本人に対し、最初から通帳が存在しないケースが一般的な海外では、「銀行口座＝インターネットバンキング」などのようなイメージを持つ外国人は多いと思います。

先進国はもちろん発展途上国であってもインターネットバンキングが大変普及しており、使い勝手やセキュリティもしっかりしている銀行は多いようです。例えばパスワードの他に小さい電卓のようなデバイスを併用するなど、二重三重のセキュリティシステムになっている銀行口座も海外では珍しくないようです（最近はこのデバイスがなくなる銀行も増えているようです）。

そのため、基本的にパスワード等の入力だけで操作できる日本の銀行口座のセキュリティシステムに対して不安を感じる外国人もいる可能性があります。もし彼らから説明を求められた場合は、安全性について丁寧に説明すると良いでしょう。

また、海外の銀行の場合、顧客が負担する手数料の種類が日本と銀行と異なっているケースが多くあります。例えば、ＡＴＭから預金を引き出す場合や、国内の他銀行に振り込む場合の手数料は無料であるのに、年１回一定額の手数料を銀行に支払わなければならない…などがその一例でしょう。手数料の有無はトラブルの元にもなりかねませんし、国や銀行によって異なってきますので、しっかり説明する必要があります。

さらに、銀行が発行するキャッシュカードについて、国によって有効期限があるケースも珍しくありません（クレジット機能付きやICキャ

ッシュカードなどには有効期限があるものもあります）。

　日本の例のように、いつまでも利用できるキャッシュカードは帰国や紛失時にトラブルの原因にもなりかねませんので、発行する場合は事前にきちんと説明する必要があります。例えば帰国時に必ず解約してもらうなど、売買や譲渡等のリスクをなくしておくことが肝要です。

＜口座開設に必要なもの＞

本人確認書類	氏名、日本の住所、生年月日が記載された写真付のもの ・在留カード ・特別永住者証明書 ・マイナンバーカード ・パスポート
印鑑・サイン	・口座開設時に申込書に押印する必要がある ・金融機関によってはサインでも代替が可能
その他	・社員証等勤務実態が確認できるもの ・勤務先への電話等により勤務実態を確認することもある ・日本語のサポートが必要な場合は勤め先等の継続的に協力いただける方と同伴 ・留学生は学生証を提示
注意事項	・預金口座の売買は禁止 ・在留期間満了等により本国へ帰国する場合には、取引金融機関で解約手続きを取るなどする

※全国銀行協会

　なお外国人の口座開設については、日本人との取引と変わりないものの、在留カード、在留資格、在留期間等の確認したり、在留期間が短くなっている人が口座開設に来店した場合には注意が必要となるなど、異なった取扱いになることもあります。

4 CQ の将来性

(1) CQ コンサルティング®の将来性

　筆者は本著において、カルチュラル・インテリジェンスの知見や理論をカウンセリングやコンサルテーションなど対人コミュニケーションに活かしたり、組織改善のために応用する技術や手法として CQ コンサルティング®を提唱しましたが、今後この技法は日本において必要不可欠になっていくと考えています。

　例えば、外国人の部下へのマネジメント相談やコンサルテーション、外国人労働者への教育指導、外国人向けサービスの開発や運営、あるいは外国人顧客対応に関わるスーパービジョン、異文化適応や異文化摩擦問題に関するコンサルテーション、外国人労働者への心理カウンセリングやキャリア・カウンセリング等において、CQ コンサルタント®の専門性——文化を相対的に理解する視点や適応力向上のノウハウなど——を活かすことができるでしょう。

　特に、受容的態度や共感的態度が必要不可欠とされるカウンセリングの分野においては、文化の違いがカウンセリング過程に及ぼす影響が大きいと考えます。カウンセラーの受容的態度や共感的態度は同じ文化を共有しているからこそ伝わりますが、文化的背景が違う相手にはあまり伝わらない可能性もあります。

　そもそも、相互の文化に対するメタ認知能力が低いために、相手の文化を十分に理解することができなければ、共感はもちろん受容さえ覚束なくなるでしょう。

　さらに、文化の相違はカウンセラーとクライエントの関係性にも影響を与えるでしょう。例えば、権威に対して従順な文化圏のクライエント

と、フラットな文化圏のカウンセラーの組み合わせはどうなるでしょうか？　霊的なものに対する志向性が強いクライエントと、そうでないカウンセラーの組み合わせは？　不確実性を回避する文化圏のクライエントの場合は？　家族の関係を重視する文化圏のクライエントの場合は？

女性を重視する文化圏のクライエントの場合は？　同じ国の人間どうしであっても世代や文化が大きく異なるケースの場合は？

特定の文化に関する知識や経験だけでは、とても対応しきれなくなるでしょう。

CQコンサルタント®が強みとするカルチュラル・インテリジェンスの知見や理論は、今後増えることが予想される外国人へのカウンセリング業務にも十分活かすことができると、筆者は考えています。

(2) カルチュラル・インテリジェンスの将来性

もともと、グローバル時代への対応を視野に入れた、異文化適応力に優れた人材を育てるために研究が進んだと言われているカルチュラル・インテリジェンスの概念ですが、外国人労働者の労務管理や顧客対応等の他にも、ハラスメント対策やストレス対策、キャリア開発支援など、様々な分野において応用が可能です。

例えば、入管法改正により今後ますます日本で働く外国人は増加していくことが予想されます。基本的には外国人のほうが日本の労働習慣に従うことが多くなると思いますので、日本人が彼らの習慣に合わせる機会はそれほど多くないかもしれませんが、業務パフォーマンス向上を命題に掲げる現場のマネージャーはそうとばかりも言っておられず、彼らの個性や文化的背景を理解していかなければ業績アップも覚束なくなるでしょう。

イスラム教を信仰する外国人労働者も増える傾向にありますので、勤務時間中に礼拝の時間や場所を確保する必要があるなど、彼らの生活習慣に配慮しなければ優秀な労働者を確保できなくなる可能性も否定でき

ません。
　また、様々な国籍の労働者が混在する職場も増えていきますので、労働者どうしの摩擦も生じるかもしれません。ある国の人にとってはごくあたり前の何気ない言動が他の国の人にとっては非礼極まりない態度になる場合もあります。1つ1つは小さなことでも日々重なると大きなストレスになり得ますので、ハラスメント問題や職場いじめにまで発展する可能性も十分考えられます。そのような、ストレス問題や従業員どうしのトラブル防止にもカルチュラル・インテリジェンスの概念は役立つでしょう。
　さらに、異文化適応能力に優れたカルチュラル・インテリジェンスの概念が必要とされるのは、何も対外国人ばかりとは限りません。日本人どうしであっても、ジェネレーション・ギャップ問題のように現代ほど世代間の文化の差が顕著な時代はなく、異文化適応能力が必要になってきているからです。
　例えば、電話と言えばリビングで家族と共有していた黒いダイヤル式のことを指していた世代と、中学生の頃から携帯電話やスマートフォンが一人一台が当たり前になっている世代が、さらには簡単なプログラムであれば自分でサクッと作ってしまうような世代が同じ職場で働いているのです。
　新しい情報を得るために分厚い百科事典を調べた世代が、ネットで検索して瞬時に新しい情報を得る世代を指導するのです。若手の育成やマネジメントの領域こそ、まさにカルチュラル・インテリジェンスが必要である、と言えるのではないでしょうか。
　今後ますますＡＩ化が進むとされる近い将来、最後まで残るのが人間相手の仕事、特に人間の細やかな感情を扱う仕事とされています。性能の優れた翻訳ソフトの出現により言語の壁は容易に超えられるでしょうが、それぞれの個性、感性や細やかな感情の違いに気付き、トラブルや衝突を回避し、顧客のニーズに沿ったサービスを提供するためには、文

化差に気づく知性やセンスが必要不可欠なのです。
　カルチュラル・インテリジェンスは、そのような時代の要請に応えられる次世代の能力と言えるのではないでしょうか。

CQ チェックツール

　ここで紹介する CQ ツールは、個人が自身の振返り用として利用していただくことを目的に、実務家の視点から作成したものです。チェックを通して、ご自身の強み弱みを把握したうえで、第3章を参考にしつつ CQ 向上を目指してください。

●チェック方法
　各項目について、それぞれご自身の傾向や考えに当てはまるものをチェックし、1つ1点として合計点を出してみてください。
　また、①から④の各カテゴリーについて、それぞれ点数を比較し、ご自身の強みと弱みを把握してみてください。

① CQ Drive
　□異国の文化に触れると気持ちがわくわくするほうだ。
　□長期の休日が取れたらできるだけ海外に行きたいと思う。
　□外国人の友達や同僚と積極的に意見交換したいほうだ。
　□機会があれば外国で生活してみたいと思う。
　□未経験のエスニック料理にチャレンジしたいほうだ。

合計　　　／5点

② CQ Knowledge
　□日本以外の特定の国に数年単位で滞在したことがある。

□日本語の他に話せる言語がある（日常会話レベル以上）。
□世界の歴史についてざっくりと理解している。
□異国文化に関わる仕事をしており普段から外国人と接する機会が多い。
□これまで20ヵ国以上訪問したことがある。

合計　　　／5点

③ CQ Strategy
□異文化に触れた時の自分の反応パターンについて、ある程度理解している。
□外国人や異文化に対する自分の理解レベルや先入観について客観視することができる。
□国籍にかかわらず初対面の外国人に対してニュートラルな気持ちで接することができる。
□新しい国や文化と接するときは、そのことについてあらかじめ勉強しておくことが多い。
□異文化に接した際の自分の失敗体験を振り返ることができる。

合計　　　／5点

④ CQ Action
□常識が通じない相手と接したときでも、うろたえずに対応することができる。
□異文化の相手に接したときでも相手の振る舞いや感覚に合わせることができる。
□"郷に入っては郷に従う"ことが苦にならないタイプである。

□異文化のマナーやタブーに関わる失敗体験を繰り返すことはない。
□様々な国の挨拶表現をすぐにまねて実践することができる。

　　　　　　　　　　　　　　　　　合計　　　／5点

　　　　　　　　　　　　　　　　総合計　　　／20点

【判定】

総合計　0〜8点	……CQスキル向上のスタートラインです。
総合計　9〜17点	……CQスキル向上の成長段階。まだまだスキルを伸ばせます。
総合計　18〜20点	……さらに多くの経験を積んでCQスキルに磨きをかけましょう。

※本ツールは著作権と商標登録で保護されておりますので、上記目的以外のご利用または商業利用等はご遠慮ください。

参考

外国人雇用時の留意点

外国人を雇用する場合の留意点

　事業主が遵守すべき法令や努めるべき雇用管理の内容等を盛り込んだ「外国人労働者の雇用管理の改善等に関して事業主が適切に対処するための指針」が、「労働施策の総合的な推進並びに労働者の雇用の安定及び職業生活の充実等に関する法律」に基づいて定められています。

　外国人を雇い入れる際は、この指針に沿って職場環境の改善や再就職の支援に取り組む必要があります。

　以下がその主な内容になります。（一部抜粋）

（1）外国人労働者の募集及び採用の適正化

　外国人を募集するにあたって専門的な知識や高度な技術を有すること、語学が堪能であること、コミュニケーション能力が優れていることなど、自社が求めている能力や人材像をはっきりさせておくことが重要です。

　そのうえで、自社の社員に対しても外国人の必要性等を理解させておくことが必要となります。

　また、募集・採用段階において、職種別採用やジョブ・ディスクリプション（職務内容、権限の範囲、関連する責任などを詳細に記載したもの）などを活用して、職務内容、自社が期待する役割等を明示しておくことも必要です。

　なお、その他の留意事項としては次のようなものがあります。

募集する場合	従事すべき業務内容、労働契約期間、就業場所、労働時間や休日、賃金、労働・社会保険の適用等について、書面の交付等により明示する。
外国人が国外に居住している場合	事業主による渡航・帰国費用の負担や住居の確保等、募集条件の詳細について、あらかじめ明確にするよう努める。
外国人労働者のあっせんを受ける場合	許可または届出のある職業紹介事業者より受ける。職業安定法または労働者派遣法に違反する者からはあっせんを受けない。なお、職業紹介事業者が違約金または保証金を労働者から徴収することは職業安定法違反にあたる。
国外に居住する外国人労働者のあっせんを受ける場合	違約金または保証金の徴収等を行う者を取次機関として利用する職業紹介事業者等からあっせんを受けない。
職業紹介事業者に対し求人の申込みを行う場合	国籍による条件を付すなど差別的取扱いをしないよう十分留意する。
労働契約を締結する場合	募集時に明示した労働条件の変更等する場合、変更内容等について、書面の交付等により明示する。
採用する場合	あらかじめ、在留資格上、従事することが認められる者であることを確認する。従事することが認められない者については、採用してはならない。
その他	在留資格の範囲内で、外国人労働者がその有する能力を有効に発揮できるよう、公平な採用選考に努める。

(2) 適正な労働条件の確保

　異国の地である日本で就労する外国人は、日本人以上に仕事の悩みを抱えがちです。そこで、職場の上司とは別に指導・相談役となる社員がサポートするなど、メンター制度の導入も検討すると良いでしょう。また、同国出身者の外国人先輩社員をサポート役に付けるなどの施策も必要と言えます。

　さらに、日本の職場は外国人にとって能力評価が不透明と感じるケースが多いようです。不透明な能力評価は早期離職やモチベーションの低下につながることもありますので、納得できる公正な能力評価を構築し

ていくことが重要となります。

その他の留意事項としては次のようなものがあります。

均等待遇	・労働者の国籍を理由として、賃金、労働時間その他の労働条件について差別的取扱いをしてはならない。 ・外国人労働者についても、短時間・有期労働法または労働者派遣法に定める、正社員と非正規社員との間の不合理な待遇差や差別的取扱いの禁止に関する規定を遵守する。
労働条件の明示	・労働契約の締結に際し、賃金、労働時間等主要な労働条件について、書面の交付等により明示する。その際、外国人労働者が理解できる方法により明示するよう努める。
賃金の全額支払い	・最低賃金額以上の賃金を支払うとともに、基本給、割増賃金等の賃金を全額支払う。
賃金等からの控除	・居住費等を賃金から控除等する場合、労使協定が必要である。また、控除額は実費を勘案し、不当な額とならないようにする。
適正な労働時間の管理等	・法定労働時間の遵守等、適正な労働時間の管理を行うとともに時間外・休日労働の削減に努める。 ・労働時間の状況の把握に当たっては、タイムカードによる記録等の客観的な方法その他適切な方法によるものとする。
年次休暇	・労働基準法等の定めるところにより、年次有給休暇を与えるとともに、時季指定により与える場合には、外国人労働者の意見を聴き、尊重するよう努める。 ・労働者名簿、賃金台帳および年次有給休暇簿を調整すること。
就業規則等の周知	・労働基準法等の定めるところにより、その内容、就業規則、労使協定等について周知を行う。その際には、外国人労働者の理解を促進するため必要な配慮をするよう努める。
パスポート等の保管の禁止	・外国人労働者の旅券、在留カード等を保管しないようにする。また、退職の際には、当該労働者の権利に属する金品を返還する。
寄宿舎	・事業附属寄宿舎に寄宿させる場合、労働者の健康の保持等に必要な措置を講ずる。
その他	・外国人労働者から求めがあった場合、通常の労働者との待遇の相違の内容および理由等について説明する。

（3）安全衛生の確保

　外国人を雇用する事業主は、安全衛生に関する教育、労働災害防止のための日本語教育の実施、標識や提示の工夫に努める必要があります。突発的な呼びかけが必要とする場合、外国人社員の母国語を用いるのは難しいため、安全衛生上必須のキーワードは日本語で徹底的に理解してもらう必要があるでしょう。

　その他の留意事項としては次のようなものがあります。

安全衛生教育の実施	・安全衛生教育を実施するに当たっては、当該外国人労働者がその内容を理解できる方法により行う。特に、使用させる機械等、原材料等の危険性または有害性およびこれらの取扱方法等が確実に理解されるよう留意する。
日本語教育等の実施	・外国人労働者が労働災害防止のための指示等を理解することができるようにするため、必要な日本語および基本的な合図等を習得させるよう努める。
標識等の理解の促進	・事業場内における労働災害防止に関する標識、掲示等について、図解等の方法を用いる等、外国人労働者がその内容を理解できる方法により行うよう努める。
健康等のチェック	・労働安全衛生法等の定めるところにより健康診断、面接指導およびストレスチェックを実施する。 ・産業医、衛生管理者等による健康指導および健康相談を行うよう努める。 ・女性である外国人労働者に対し、産前産後休業、妊娠中および出産後の健康管理に関する措置等、必要な措置を講ずる。
その他	・労働安全衛生法等の定めるところにより、その内容について周知を行う。その際には、外国人労働者の理解を促進するため必要な配慮をするよう努める。

（4）適切な人事管理、教育訓練、福利厚生等

　外国人の日本語能力を向上させることは必要ですが、日本人社員の語学力の向上を合わせて行うことも大切です。日本人社員から歩み寄っていく姿勢はチームワークの強化にも役立つでしょう。

　業務に関連する様々な資格の取得を推奨することも非常に大切です。

モチベーションの向上になるだけでなく資格取得により自信にもつながるからです。そのためにも資格取得に向けた有効な手段を事前に情報提供し、費用補助や合格時の表彰制度などを創設してみるのも良いでしょう。

その他の留意点は次のとおりです。

職場環境の整備	・外国人労働者が円滑に職場に適応できるよう、社内規程等の多言語化等、職場における円滑なコミュニケーションの前提となる環境の整備に努める。
能力発揮措置	・職場で求められる資質、能力等の社員像の明確化、評価・賃金決定、配置等の人事管理に関する運用の透明性・公正性の確保等、多様な人材が適切な待遇の下で能力を発揮しやすい環境の整備に努める。
習慣等理解の促進措置	・日本語教育および日本の生活習慣、文化、風習、雇用慣行等について理解を深めるための支援を行う。 ・地域社会における行事や活動に参加する機会を設けるように努める。
生活支援	・居住地周辺の行政機関等に関する各種情報の提供や同行等、居住地域において安心して生活するために必要な支援を行うよう努める。
相談窓口等	・外国人労働者の苦情や相談を受け付ける窓口の設置等、体制を整備し、日本における生活上または職業上の苦情・相談等に対応するよう努める。 ・必要に応じ行政機関の設ける相談窓口についても教示するよう努める。
教育訓練の実施	・教育訓練の実施その他必要な措置を講ずるように努める。 ・母国語での導入研修の実施等働きやすい職場環境の整備に努める。
福利厚生施設の確保等	・適切な宿泊の施設を確保するように努める。 ・給食、医療、教養、文化、体育、レクリエーション等の施設の利用について十分な機会が保障されるように努める。
帰国等の援助	・在留期間が満了し、在留資格の更新がなされない場合には、雇用関係を終了し、帰国のための手続きの相談等を行うよう努める。 ・外国人労働者が病気等やむを得ない理由により帰国に要する旅費を支弁できない場合には、当該旅費を負担するよう努める。 ・一時帰国を希望する場合には、休暇取得への配慮等必要な援助を行うよう努める。
勤務時間への配慮	・在留資格の変更等の際は、手続きに当たっての勤務時間の配慮等を行うよう努める。
その他	・日本人労働者と外国人労働者とが、文化、慣習等の多様性を理解しつつ共に就労できるよう努める。

(5) 外国人労働者の雇用労務責任者の選任

　外国人を雇用した場合は、外国人雇用状況届出書を提出する必要があります。また、常時10人以上雇用するときは、この指針に定める雇用管理の改善等に関する事項等を管理させるため、人事課長等を雇用労務責任者として選任しなければなりません。

(6) 外国人労働者の在留資格に応じて講ずべき必要な措置

　外国人は、原則として一定の在留期間に限って日本に在留することができることになっています。当初認められた在留期間経過後も在留を継続したい場合には、入国管理局で在留期間の更新に係る手続きを行わなければなりません。手続きを忘れて在留期間を経過した場合は不法在留となってしまいますので、積極的にサポートする必要があります。

　その他の留意事項としては次のようなものがあります。

雇用契約基準	・出入国管理および難民認定法等に定める雇用契約の基準や受入れ機関の基準に留意する。 ・必要な届出・支援等を適切に実施する。
技能修得措置	・「技能実習の適正な実施及び技能実習生の保護に関する基本方針」等の内容に留意し、技能実習生に対し実効ある技能等の修得が図られるように取り組む。
留学生の採用	・新規学卒者等を採用する際、留学生であることを理由として、その対象から除外することのないようにする。 ・企業の活性化・国際化を図るためには留学生の採用も効果的であることに留意する。 ・新規学卒者等として留学生を採用する場合、当該留学生が在留資格の変更の許可を受ける必要があることに留意する。
インターンシップ	・インターンシップ等の実施に当たっては、本来の趣旨を損なわないよう留意する。
アルバイトの雇用	・アルバイト等で雇用する場合には資格外活動許可が必要であることや資格外活動が原則週28時間以内に制限されていることに留意する。

※上記指針の全文は厚生労働省のホームページに記載されています。
　http://www.mhlw.go.jp/bunya/koyou/gaikokujin.html

新在留資格の創設について

　2019年4月より改正入管法が施行され、「特定技能」と呼ばれる在留資格が創設、新たな外国人材の受け入れ制度が開始されました。この制度は、深刻化する人材不足問題改善のため、一定の専門性・技能を有した即戦力となる外国人材を受け入れる制度とされています。
この特定技能在留資格には「特定技能1号」と「特定技能2号」の2種類があり、概要は下記のとおりとなっています。

> 日本の公私の機関との契約に基づいて行う特定産業分野（介護、ビルクリーニング、素形材産業、産業機械製造業、電気・電子情報関連産業、建設、造船・舶用工業、自動車整備、航空、宿泊、農業、漁業、飲食料品製造業、外食業）に属する相当程度の知識、もしくは経験を必要とする技能を要する業務（特定技能1号）または熟練した技能を要する業務（特定技能2号）に従事する活動。

　特に今後、増加が見込まれる「特定技能1号」は、特定産業分野に属する相当程度の知識または経験を必要とする技能を要する業務に従事する外国人向け在留資格であり、主な概要は下記のとおりとなっています。

在留期間	1年、6ヵ月または4ヵ月ごとの更新、通算で上限5年まで
技能水準	試験等で確認（技能実習2号を良好に修了した者は試験等免除）
日本語能力水準	生活や業務に必要な日本語能力を試験等で確認（技能実習2号を良好に修了した者は試験等免除）
家族の帯同	基本的に認められない

一方、「特定技能2号」は特定産業分野に属する熟練した技能を要する業務に従事する外国人向けの在留資格となっており、特定技能1号に比べて取得のハードルは高いものとなっています。

在留期間	3年、1年または6ヵ月ごとの更新（在留期間の上限はなし）
技能水準	試験等で確認
日本語能力水準	試験等での確認は不要
家族の帯同	要件を満たせば可能（配偶者、子）

在留資格の概要について詳細を知りたい方は、下記のホームページに掲載されていますので、ご確認ください。
　http://www.moj.go.jp/nyuukokukanri/kouhou/nyuukokukanri01_00127.html

＜外国人を受け入れる特定産業分野＞

特定産業分野	行政官庁	従事する業務
介護	厚労省	・身体介護等（利用者の心身の状況に応じた入浴、食事、排せつの介助）のほか、これに付随する支援業務（レクリエーションの実施、機能訓練の補助等） 注）訪問系サービスは対象外
ビルクリーニング		建築物内部の清掃
素形材産業	経産省	・鋳造・金属プレス加工・仕上げ・溶接・鍛造・工場板金・機械検査・ダイカスト・めっき・機械保全・機械加工・アルミニウム陽極酸化処理・塗装
産業機械製造業		・鋳造・塗装・仕上げ・電気機器組立て・溶接・鍛造・鉄工・機械検査・プリント配線板製造・工業包装・ダイカスト・工場板金・機械保全・プラスチック成形・機械加工・めっき・電子機器組立て・金属プレス加工
電気・電子情報関連産業		・機械加工・仕上げ・プリント配線板製造・工業包装・金属プレス加工・機械保全・プラスチック成形・工場板金・電子機器組立て・塗装・めっき・電気機器組立て・溶接
建設	国交省	・型枠施工・土工・内装仕上げ/表装・左官・屋根ふき・コンクリート圧送・電気通信・トンネル推進工・鉄筋施工・建設機械施工・鉄筋継手
造船・舶用工業		・溶接・仕上げ・塗装・機械加工・鉄工・電気機器組立て
自動車整備		・自動車の日常点検整備、定期点検整備、分解整備
航空		・空港グランドハンドリング（地上走行支援業務、手荷物・貨物取扱業務等）・航空機整備（機体、装備品等の整備業務等）
宿泊		・フロント、企画・広報、接客、レストランサービス等の宿泊サービスの提供
農業	農水省	・耕種農業全般（栽培管理、農産物集出荷・選別等） ・畜産農業全般（飼養管理、畜産物集出荷・選別等）
漁業		・漁業（漁具の製作・補修、水産動植物の探索、漁具・漁労機械の操作、水産動植物の採捕、漁獲物の処理・保蔵、安全衛生の確保等）・養殖業（養殖資材の製作・補修・管理、養殖水産動植物の育成管理・収獲（穫）・処理、安全衛生の確保等）
飲食料品製造業		・飲食料品製造業全般（飲食料品（酒類を除く）の製造・加工、安全衛生）
外食業		・外食業全般（飲食物調理、接客、店舗管理）

（厚生労働省資料より抜粋）

「「外国人雇用状況」の届出状況まとめ」から見る外国人労働者の増加状況

●**大きな伸びを見せる外国人労働者**

　外国人労働者は、2018年10月末の「「外国人雇用状況」の届出状況まとめ」によると146万人であり、外国人労働者を雇用している事業所数は21.6万ヵ所となっています。1年前の2017年10月末の129万人、18.1万ヵ所と比べると、人数で14.2％、事業所数でも11.2％の増加となっています。これは、2007年に外国人労働者の届出が義務化されて以降最高の数となっています。

　外国人労働者数が増加している要因としては、高度外国人材や留学生の受け入れが進んでいること、雇用情勢の改善が着実に進み、「永住者」や「日本人の配偶者」等の身分に基づく在留資格の方々の就労が進んでいること、技能実習制度の活用により技能実習生の受入れが進んでいること等が背景にあると考えられています。

　外国人労働者の国別人数を見ると、中国が最も多く38.9万人であり、外国人労働者の26.6％を占めており、次いでベトナムが31.6万人（21.7％）、フィリピンが16.4万人（11.2％）と続いています。

　特にベトナムについては、前年同期比で7.6万人増加しており、31％増加していることとなります。また、インドネシアも増加率は大きく、人数としては7,427人とそれほど多く増加しているわけではありませんが、割合としては21.7％という伸びを見せています。

●**勤めている職種**

　勤務している職種としては、「製造業」が43.4万人（29.7％）、「サービス業（他に分類されないもの）」が23.0万人（15.8％）、「卸売業、小

売業」が 18.6 万人（12.7％）、「宿泊業、飲食サービス業」が 18.5 万人（12.7％）となっています。

　事業所の規模を見ると、最も多く雇用しているのが「30 人未満」で 58.8％となっています。どの規模でも増加はしているものの、「30 人未満」が最も大きな伸びを見せています。
　以上のことからも、外国人労働者が増加していることが分かります。入管法が改正されたこともあり、今後ますます増えることも予想され、外国人と協働する機会も増加することでしょう。そのためにも異文化適応能力を伸ばしておくことが重要であると言えるのです。

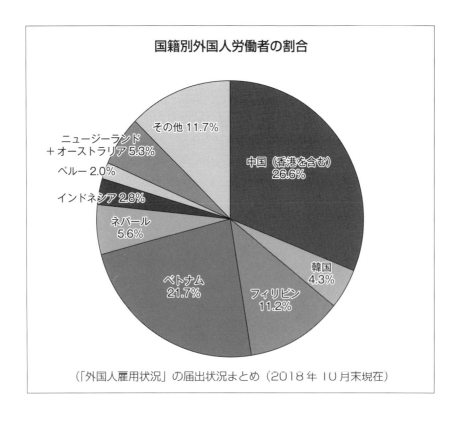

参考 ●外国人雇用時の留意点

在留資格一覧表（厚生労働省資料より抜粋）

就労目的で在留が認められる外国人		
在留資格	日本において行うことができる活動	該当例
教授	日本の大学もしくはこれに準じる機関または高等専門学校において研究、研究の指導または教育をする活動	大学教授等
芸術	芸術収入を伴う音楽、美術、文学その他の芸術上の活動（この表の興行の項に掲げる活動を除く）	作曲家、画家、著述家等
宗教	外国の宗教団体により日本に派遣された宗教家の行う布教その他の宗教上の活動	外国の宗教団体から派遣される宣教師等
報道	外国の報道機関との契約に基づいて行う取材その他の報道上の活動	外国の報道機関の記者、カメラマン
高度専門職1号・2号	日本の公私の機関との契約に基づいて行う研究、研究の指導または教育をする活動、日本の公私の機関との契約に基づいて行う自然科学または人文科学の分野に属する知識または技術を要する業務に従事する活動、日本の公私の機関において貿易その他の事業の経営を行いまたは管理に従事する活動など	ポイント制による高度人材
経営・管理	日本において貿易その他の事業の経営を行い、または当該事業の管理に従事する活動（この表の法律・会計業務の項に掲げる資格を有しなければ法律行為を行うことができないとされている事業の経営または管理に従事する活動を除く）	企業等の経営者・管理者
法律・会計業務	外国法人弁護士、外国公認会計士その他法律上資格を有する者が行うこととされている法律または会計に係る業務に従事する活動	弁護士、公認会計士等
医療	医師、歯科医師その他法律上資格を有する者が行うこととされている医療に係る法律に係る活動	医師、歯科医師、看護師
研究	日本の公私の機関との契約に基づいて研究を行う業務に従事する活動（この表の教授の項に掲げる活動を除く）	政府関係機関や私企業等の研究者
教育	日本の小学校、中学校、高等学校、中等教育学校、盲学校、聾学校、養護学校、専修学校または各種学校もしくは設備および編制に関してこれに準ずる教育機関において語学教育その他の教育をする活動	中学校・高等学校等の語学教師等
技術・人文・知識・国際業務	日本の公私の機関との契約に基づいて行う理学、工学その他の自然科学の分野もしくは、法律学、経済学、社会学その他の人文科学の分野に属する技術もしくは知識を要する業務または外国の文化に基盤を有する思考もしくは感受性を必要とする業務に従事する活動（この表の教授、芸術、報道、経営・管理、法律・会計業務、医療、研究、教育、企業内転勤、興行の項に掲げる活動の除く）	機械工学等の技術者、通訳、デザイナー、私企業の語学教師、マーケティング業務従事者等

145

企業内転勤	日本に本店、支店その他の事業所のある公私の機関の外国にある事業所の職員が日本にある事業所に期間を定めて転勤して当該事業所において行うこの表の技術・人文知識・国際業務の項に掲げる活動	外国の事業所からの転勤者
介護	日本の公私の機関との契約に基づいて介護福祉士の資格を有する者が介護または介護の指導を行う業務に従事する活動	介護福祉士
興行	演劇、演芸、演奏、スポーツ等の興行に係る活動またはその他の芸能活動（この表の経営・管理の項に掲げる活動を除く）	俳優、歌手、ダンサー、サッカー、プロスポーツ選手等
技能	日本の公私の機関との契約に基づいて行う産業上の特殊な分野に属する熟練した技能を要する業務に従事する活動	外国料理の調理師、スポーツ指導者、航空機の操縦者、貴金属等の加工職人等
特定技能1号・2号	日本の公私の機関との契約に基づいて行う特定産業分野（介護、ビルクリーニング、素形材産業、産業機械製造業、電気・電子情報関連産業、建設、造船・船用工業、自動車整備、航空、宿泊、農業、漁業、飲食料品製造業、外食業）に属する相当程度の知識もしくは経験を必要とする技能を要する業務（1号）または熟練した技能を要する業務（2号）に従事する活動	特定産業分野（左記14分野（2号は建設、造船・船用工業のみ））の各業務従事者

身分に基づき在留する者

在留資格	日本において行うことができる活動	該当例
永住者	法務大臣が永住を認める者	法務大臣から永住の許可を受けた者（入管特例法の「特別永住者」を除く）
日本人の配偶者等	日本人の配偶者もしくは民法（明治29年法律第89号）第817条の2の規定による特別養子または日本人の子として出生した者	日本人の配偶者・実子・特別養子
永住者の配偶者等	永住者の在留資格をもって在留する者もしくは特別永住者（以下「永住者等」と総称する）の配偶者または永住者等の子として日本で出生しその後引き続き日本に在留している者	永住者・特別永住者の配偶者および我が国で出生し引き続き在留している実子
定住者	法務大臣が特別な理由を考慮し一定の在留期間を指定して居住を認める者	日系3世等

参考●外国人雇用時の留意点

その他の在留資格	
在留資格	在留資格の概要
技能実習	研修・技能実習制度は、日本で開発され培われた技能・技術・知識の開発途上国等への移転等を目的として創設されたもので、研修生・技能実習生の法的保護およびその法的地位の安定化を図るため、改正入管法（平成22年7月1日施行）により、従来の特定活動から在留資格（技能実習）が新設された。
特定活動 EPAに基づく外国人看護師・介護福祉士候補者、ワーキングホリデーなど	「特定活動」の在留資格で日本に在留する外国人は、個々の許可の内容により報酬を受ける活動の可否が決定される。 ※届出の際は旅券に添付された指定書により具体的な類型を確認のうえ、記載する。

就労活動が認められていない在留資格

留学、家族滞在などの在留資格は就労活動が認められていない。
〜就労が認められるためには資格外活動許可が必要〜
出入国在留管理庁により、本来の在留資格の活動を阻害しない範囲内（1週間当たり28時間以内など）で、相当と認められる場合に報酬を受ける活動が許可される。
（例：留学生や家族滞在者のアルバイトなど）

●参考文献

●英文書籍……著者名（刊行年）タイトル

- Brooks Peterson（2018）*Cultural Intelligence -A Guide to Working with people from other cultures*（Second Edition）.
- Erin Meyer（2014）*The Culture Map.*
- David Livermore（2010）*Leading with Cultural Intelligence -The New Secret to Success.*
- David Livermore（2013）*Expand Your Borders -Discover to Cultural Clusters.*
- David C.Thomas, Kerr Inkson（2017）*Cultural Intelligence-Surviving and Thriving in the Global Village*（3 ed Edition）.
- Terri Morrison & Wayne A Conaway（2015）*Kiss, Bow, or Shake Hands*（Second Edition）.

●英語論文……著者名・複数の場合は続けて et all と表記（刊行年）*論文名*

- Delpechitre Duleep,et all（2017）*Cross-cultural selling: Examining the importance of cultural intelligence in sales education.*
- Lorenz Melanie P, et all（2017）*Service excellence in the light of cultural diversity: The impact of metacognitive cultural intelligence.*
- Presbitero Alfred（2017）*It's not all about language ability: Motivational cultural intelligence matters in call center performance.*
- Hallmon Lakeysha Yvette（2016）*Exploring the relationship between cultural intelligence and teacher burnout in the Mississippi Delta.*
- Jyoti Jeevan（2017）*Factors affecting cultural intelligence and its impact on job performance: Role of cross-cultural adjustment, experience and perceived social support.*
- Presbitero Alfred（2016）*Cultural intelligence（CQ）in virtual, cross-cultural interactions: Generalizability of measure and links to personality dimensions and task performance.*
- Yunlu Dilek G,et all（2017）*Understanding the role of cultural intelligence in individual creativity.*
- Korzilius Huber,et all（2017）*Multiculturalism and innovative work behavior: The mediating role of cultural intelligence.*
- Presbitero Alfre,et all（2017）*Expatriate career intentions: Links to career*

Adaptability and cultural intelligence.
・Galati Stephen R（2017）*Entering the global engineering market:A correlational study of cultural intelligence and market orientation.*
・Caputo Andrea（2018）*The moderating role of cultural intelligence in the relationship between cultural orientations and conflict management styles.*
・Pethtel Hilary A（2016）*The impact of multicultural experiences and openness on Cultural Intelligence.*
・Sousa Catia, et all（2016）*Cultural Intelligence and conflict management styles.*
・Depaula Pablo Domingo（2016）*Personality character strength and cultural intelligence: extraversion or openness as further factors associated to the cultural skills.*
・Lawler S Brooke（2016）*Effect of openness, emotional Intelligence, and empathy on cultural intelligence.*
・Nasiri Fakhrossadat（2016）*Relationship between social intelligence and cultural intelligence with organizational effectiveness.*

●**日本語書籍……著者名（刊行年）タイトル**
・宮森千嘉子・宮林隆吉（2019）「経営戦略としての異文化適応力」

おわりに

　シンガポールでお世話になっている、ある華僑の友人と一緒に食事をしていたときのこと。
「中国ではご馳走になった食事を全部食べてしまうとマナー違反になるんだよね？」
　筆者が何気なく尋ねた質問に対して、彼女からこのような答えが返ってきました。
「もてなしが足りないという意味になったのは昔のこと。今でも上の世代はそういう感覚の人もいるけど、環境破壊による食料不足問題への認識が一般的になった現代では、むしろ全部残さず食べるようになっているよ」

　文化は世代によって変わります。グローバル化が進む現代では、「一口に〇〇人はこうだ」とは言えなくなってきています。そのため、それぞれの国の文化の特徴を掘り下げていくのではなく、相手の文化の特徴を素早くつかみ理解していく必要があるのです。
　筆者は以前からメンタルヘルス問題に携わってきましたが、20数年前、まだ企業のメンタル対策が一般的ではなかったとき「うつ病の人にどう対応すれば良いか教えてほしい」「適応障害の人にどう対応すれば良いか教えてほしい」など疾患ごとの対応策をしばしば求められました。そのたびに、「病気ごとの対応ノウハウはないこと」「精神疾患の特徴を理解したうえでケース・バイ・ケースの対応が求められること」などについて説明いたしましたが、外国人対応の問題も似た部分がある気がします。
　人によって育った環境や時代が違うため、「〇〇人はこう対応する」などのようなマニュアルはありません。メンタル不調者に対して「この人はうつで思考力が落ちているようだから、ゆっくり話そう」と考える

ように、異文化の人に対して「この人は〇〇人なので、明快な回答を好むようだから、はっきり答えよう」ではなく、「この人は明快な回答を好むようだから、はっきり答えよう」などのように、人ごとにケース・バイ・ケースで考えることが必要なのです。

　そのため、本著では「〇〇人はこのような特徴がある」などのような個別の説明は最小限にとどめ、文化の特徴を理解するための枠組みについて記載してきました。読者の方の中には、すぐに対処法が分かるような明快なノウハウを期待した方もいらっしゃるかもしれませんが、ますますグローバル化が進み国ごとの文化の違いより、世代ごとの文化の違いのほうが大きくなりがちな現在、前提となる枠組みを理解しておくほうがより実践的で応用力があると筆者は考えています。

　ただし、精神医療の現場で精神科医や臨床心理士が必要とされるように、より適切な対応を目指そうとすれば、それだけ多くの異文化体験と知識が必要になります。そのようなときこそ、CQコンサルタント®の出番だと思うのです。

2019年11月
合同会社　オフィスプリズム
涌井美和子

●著者略歴●

涌井美和子（わくいみわこ）
オフィスプリズム　シンガポール代表

臨床心理士、社会保険労務士、公認心理師、産業カウンセラー。
１級キャリア・コンサルティング技能士。

大手企業の人事総務職および勤務社会保険労務士を経て、公的機関の相談員およびＥＡＰ機関の臨床心理士を経験後、合同会社オフィスプリズム（http://www.office-prism.com/）を設立。現在、人事コンサルタント、カウンセラー、セミナー講師、執筆などの業務に携わる。
職場のいじめ＆ハラスメント国際学会会員（日本人第一号）。
日本で初めて臨床心理士と社会保険労務士の両視点からメンタルヘルス対策を提案・実践。国際学会へも頻繁に出席し研究発表もたびたび行っている。
「『職場うつ』防止のヒント―心理学の基礎から学ぶ職場のメンタルヘルス」（経営書院）、「職場のいじめとパワハラ防止のヒント」（経営書院）、「モンスター社員が会社を壊す!?」（日本法令）など多数の著書のほかに、講演、セミナー等講師でも活躍。

職場に外国人がやってきたら読む本
～カルチュラル・インテリジェンスのすすめ

2019年12月3日　初版発行

著　者　————　涌井　美和子
発行者　————　楠　真一郎
発　行　————　株式会社近代セールス社
　　　　　　　〒165-0026　東京都中野区新井2-10-11
　　　　　　　　　　　　　ヤシマ1804ビル４階
　　　　　　　電　話　03-6866-7586
　　　　　　　ＦＡＸ　03-6866-7596
印刷・製本　————　株式会社暁印刷
装丁・イラスト　——　伊東ぢゅん子

©2019 Miwako Wakui
本書の一部あるいは全部を無断で複写・複製あるいは転載することは、法律で定められた場合を除き著作権の侵害になります。
ISBN 978-4-7650-2162-3